AF602620

DU COMMERCE ET DE L'ADMINISTRATION,

OU

COUP D'ŒIL SUR LE NOUVEAU SYSTÈME COMMERCIAL DE L'ANGLETERRE.

QUELS SONT LES INTÉRÊTS DE LA FRANCE.

PAR ARMAND DUCHATELLIER,
DU FINISTÈRE.

A PARIS,
CHEZ LES MARCHANDS DE NOUVEAUTÉS.

IMPRIMERIE DE LACHEVARDIÈRE FILS,
RUE DU COLOMBIER, N° 30.
1826.

AVIS.

Nous divisons ce travail en deux parties :

Dans la première, nous parlons des vues et des projets de l'Angleterre sur le commerce général du monde.

Dans la seconde, nous parlons de l'état actuel dù commerce en France, — de la situatuation où les évènements nous ont placés, — des ressources et des moyens qui nous sont acquis, — de l'avenir qui nous est promis, et du parti qu'on peut en tirer.

COUP D'ŒIL

SUR

LE NOUVEAU SYSTÈME COMMERCIAL

DE L'ANGLETERRE.

QUELS SONT LES INTÉRÊTS DE LA FRANCE.

Dans un temps où tous les arts d'application se perfectionnent, les produits de l'industrie et du commerce augmentent considérablement. L'homme, par son travail, agrandit ainsi son existence, multiplie les objets qui lui sont utiles ou agréables, double ses jouissances et améliore sa condition.

Ce fait est notable dans l'état actuel de la civilisation. Mais, partagée en grandes familles, l'espèce entière ne jouit pas, sur tous les points du globe, des mêmes avantages. Chacune de ces familles a ses intérêts privés, son industrie, son mode de travail, ses raisons et ses occasions d'agrandissement.

De là les liaisons de commerce et les rapports d'échange qui s'établissent d'un peuple à l'autre : les produits n'étant pas semblables, chaque nation a des besoins qu'elle ne peut satisfaire par elle-même et pour lesquels elle s'oblige vis-à-vis des autres.

Le régime des douanes et la législation ordinaire des traités de commerce ont eu ces matières pour objet ; et, depuis que le commerce extérieur s'est établi, l'administration a toujours été occupée de concilier et de protéger les intérêts respectifs de l'individu par rapport à la masse et ceux de cette dernière par rapport aux autres corps collectifs qui luttent et le disputent d'activité, sous des dénominations politiques.

Les choses étant ainsi, et ne pouvant être autrement, on se demande quelle doit être la nature des relations à établir d'un peuple à l'autre et quel est le plus grand avantage que puissent en tirer les parties contractantes ?

Savoir quels produits et quelles marchandises un peuple pourra faire accepter de ses voisins, quels objets il sera forcé lui-même d'accepter, et quels autres il pourra rejeter , est donc le terme général de cette question.

Mais, dans cet état de choses , de deux peuples , le plus riche sera celui qui , en fabriquant à l'intérieur , répandra le plus de produits au dehors et qui en acceptera le moins pour sa consommation. Du moins voilà ce que paraît avoir pensé l'administration , ce qu'elle a fait peut-être et ce que le régime des prohibitions a consacré en principe. Cependant il en est résulté que des peuples , en rapport de bonne intelligence et même d'intérêts positifs, tant pour leur existence politique que pour la conformité des mœurs et des inclinations nationales , se sont trouvés en état d'hostilité manifeste pour leurs intérêts de commerce , et que leur existence respective , au lieu de s'améliorer réciproquement , s'est rétrécie par des restrictions forcées et un état continuel de défiance qui n'a point permis que chacun fît , pour soi et pour les autres , tout ce qu'il était susceptible de faire.

Quand les idées semblent s'agrandir et qu'une juste appréciation des faits peut donner à la théorie un autre cours et un autre avenir, tous les hommes qui aiment leur pays, et se sont fait une habitude de discuter ses intérêts, se demandent, dans l'état nouveau des chances commerciales, quel doit être le régime des douanes et le système des prohibitions.

Souvent posée, cette question a amené de longues et nombreuses théories : des écoles se sont même formées, et tout le monde sait combien fut puissante celle des économistes, dans un temps où l'administration fut comme vaincue et forcée d'essayer les systèmes que des esprits plus spéculatifs qu'observateurs répandirent avec une profusion inconsidérée (1).

Mais quand les intérêts, sous des formes

(1) Tout le commerce se rappelle, en effet, les résultats funestes qu'amenèrent les mesures prises lors du traité de 1786, et, s'il restait des doutes sur l'inconsidération ou plutôt l'imprudence qu'il y eut à diminuer les droits dont on avait frappé les marchandises étrangères, dans l'intérêt de notre industrie, il suffirait de dire que le terme moyen des importations faites de l'Angleterre en France, pendant les trois années qui suivirent ce malheureux traité, s'élevèrent à 55,000,000 fr. ou plus, tandis que nos exportations pour l'Angleterre ne furent que de 33 à 34,000,000 de francs.

nouvelles, se multiplient avec l'extension des produits et des relations commerciales, est-il étonnant que les projets et les systèmes, les opinions et les doctrines, se succèdent encore et se reproduisent avec une rapidité qui permet à peine de les apprécier ?

Sans nous imposer la tâche de les discuter ou de les suivre toutes, nous avons cru que l'une d'entre elles, la théorie, déjà professée, de *la liberté illimitée du commerce*, telle que paraît l'entendre l'Angleterre, demandait à être discutée dans son application et ses résultats par rapport aux autres peuples et particulièrement à l'état actuel du commerce en France.

Chez tous les peuples de l'Europe, nous sommes-nous dit, l'industrie a fait des progrès immenses depuis un siècle et particulièrement depuis trente ans ; la guerre, les nouvelles idées politiques, le système continental, expliquent la chose. Quand les relations ont été rompues à l'extérieur, l'industrie s'est exercée dans ses nouvelles limites, le commerce de l'intérieur s'est considérablement augmenté ;

il a été créé chez quelques peuples où il n'existait pas. Alors les prohibitions ont souvent été utiles, elles ont même suffi quelquefois pour assurer la prospérité et l'élévation d'un état. Là est un des triomphes les plus remarquables de l'administration, et c'est un des résultats qu'on pourra citer comme prodigieux, que la guerre n'ait pas nui à l'industrie, et que le commerce, en souffrant sur plusieurs points, ait gagné sur tant d'autres.

Mais la paix et le retour de l'ordre allaient, encore une fois, déplacer tous les intérêts. On peut dire, en effet, que la position de l'Europe, lors de la révolution française, fut un état de crise et d'hostilité pendant lequel chaque peuple, comme une famille privée, s'occupa de la gestion de son intérieur à défaut de pouvoir continuer ses relations au dehors.

Or, chacune de ces familles a amélioré sa condition privée, tant par le grand développement des arts industriels que par les progrès rapides de quelques sciences, et de la chimie particulièrement; et, quand les relations se sont renouées, chacune étant appelée à en profiter, chacune aussi voulut en tirer tout le profit possible.

Des prétentions fondées sur ce qu'on avait acquis, et renforcées par l'habitude qu'on s'était faite de se passer des autres, se sont alors élevées et ont fait que presque tous les peuples, au lieu de faciliter les échanges, se sont tenus en garde les uns contre les autres, et que, sous le prétexte de favoriser l'industrie nationale, ils ne se sont prêtés que difficilement aux relations du dehors.

Telles furent les vues presque générales des peuples de l'Europe au retour de la paix maritime.

Celles du commerce, je veux dire celles des commerçants, furent les mêmes pour un moment; mais, sans tarder, elles ont paru prendre une autre direction et elles semblent demander aujourd'hui, aux hommes qui gouvernent, et d'autres vues et d'autres faits.

Me sera-t-il permis ici de faire une réflexion qui ne doit pas décourager l'administrateur, mais qui lui dit qu'il a des dégoûts à essuyer? C'est que, comme on n'a rendu justice au système continental et au mode prohibitif qui a créé notre industrie nationale, que quand ce système n'a plus existé ou qu'il a été considérablement affaibli par la force des choses, on n'appréciera non plus la sage lenteur qu'apporte notre administration à admettre les nouvelles idées sur le système de liberté commerciale, qu'à une grande distance du moment où cette administration cherche, avec une sollicitude raisonnée, le moyen de concilier les intérêts individuels et la prospérité croissante de notre industrie manufacturière.

Mais quand l'administration veut le bien et qu'en un mot elle en a le sentiment, que lui importent les cris et les déclamations de la multitude ? son devoir est d'écouter tous les avis, de profiter de ceux qu'elle croit utiles, de dédaigner les autres et de les vouer à l'oubli.

Or l'industrie, comme nous l'avons déjà dit, fait des progrès immenses. Si chaque fabricant ou chaque spéculateur, pour un moment, regarda comme utile à ses intérêts la loi qui repoussait les produits étrangers, il ne tarda pas à penser en même temps que la loi étrangère qui repoussait le fruit de son travail nuisait aussi à ses intérêts. Partagé entre ces deux termes, son ambition dut le tromper souvent, et, désireux de porter les produits de ses entreprises sur les places du dehors, il eût peut-être perdu à l'instant tout le fruit de ses peines, si l'administration, dans l'intention de lui complaire, avait été assez faible pour ouvrir nos marchés à l'étranger et solliciter, à ce prix, la libre communication des siens. Le système des prohibitions dut donc continuer au-delà de la restauration.

Doit-il être maintenu dans toute sa rigueur? Doit-il être aboli? Telles sont les questions qui se présentent. Elles offrent beaucoup de réflexions à faire, et, si nous sommes assez heureux pour traiter notre sujet avec quelque avantage, nous aurons dit quel est l'état actuel de notre commerce et quels sont par conséquent ses besoins.

PREMIÈRE SECTION.

DU SYSTÈME COMMERCIAL DE L'ANGLETERRE.

Commençons par exposer quelques vérités qui ne sauraient être contredites, et qui doivent servir de base à nos raisonnements.

La France et l'Angleterre sont au premier rang des peuples civilisés, et leur prospérité croissante se soutient d'une certaine rivalité qui est devenue comme nécessaire à l'une et à l'autre des deux nations : cette espèce de lutte a conduit les deux peuples à s'observer de près; et, si nous nous inquiétons des relations que l'Angleterre établit, dans ce moment, avec tous les peuples du monde, les Anglais, de leur côté, n'étaient pas, en 1810, et ne sont pas encore, au moment où je parle, sans une juste inquiétude sur l'accroissement de notre industrie manufacturière et sur les procédés que la chimie et les arts mécaniques nous révèlent chaque jour (1).

De cette position résultent plusieurs faits notables et qu'il est important de connaître : c'est que, de part et d'autre, on s'est fait l'habitude de tenter et de mettre en pratique les moyens par lesquels l'un des deux peuples s'élève, et de ne pas négliger une cause de prospérité quand elle profite à son adversaire. Colbert, qui fut un grand ministre, n'eut que ce moyen de s'élever et ne put donner à la nation française le rang qu'elle devait avoir vis-à-vis de sa rivale, qu'en protégeant l'industrie par des mesures propres à écarter les produits manufacturés de l'Angleterre et en formant des expéditions maritimes qui furent chargées de

(1) L'état comparé des banqueroutes survenues en Angleterre depuis 1790 nous a paru un document curieux et propre à confirmer ce que nous disons. La quantité moyenne des banqueroutes fut en 1791, 92, 93, de 816.
en 1801, 02, 03, de 1168.
en 1811, 12, 13, de 2228.
en 1821, 22, 23, de 1134.
Ces chiffres parlent sans doute assez pour que nous ne fassions aucune réflexion.

consolider nos comptoirs et nos établissements dans les pays lointains.

Ce seul moyen donna de la consistance à notre système colonial ; et ce fut en nous trouvant toujours avec l'Angleterre et sur le même terrain et sur les mêmes marchés, que nous parvînmes à un état de prospérité tel, qu'avec cette puissance et la Hollande, nous fûmes presque les seuls en droit d'aller chercher ; chez l'étranger, les matières premières qui se consommaient en Europe.

Tant que les circonstances nous permirent de suivre cette marche, notre prospérité fut grande. Mais les évènements ont interrompu ces faits ; sans accuser l'administration, cherchons à réparer des désastres qu'on ne saurait se dissimuler (1).

Aujourd'hui l'Angleterre domine sur les

(1) Combien nos relations commerciales n'ont-elles pas changé, en effet, puisque actuellement le produit en denrées coloniales de nos établissements aux Antilles et dans l'Inde ne suffit pas à notre consommation, et qu'en 1789 ces mêmes denrées coloniales formaient, terme moyen, le quart de nos échanges avec l'étranger !

mers et s'en est rendue l'arbitre : conséquente aux principes qu'elle suivait dès le temps de Colbert et avant, elle a maintenu son acte de navigation et s'est assuré l'entrée de tous les ports étrangers ; répandue sur les mers qui bordent les vastes contrées des deux hémisphères, la nation presque entière se livre, avec une activité sans égale, au transport et aux échanges des marchandises, et il semble qu'on n'ait laissé pour garder le sol que la partie de la population qui devait confectionner les objets manufacturés dont il fallait approvisionner les places étrangères. La mécanique, sous ce rapport, a servi utilement l'industrie anglaise, et ce seul moyen de mutiplier les bras a pu faire qu'un peuple aussi nombreux suffît aux demandes qu'on lui fait de tous les points du globe.

Or, d'après ces faits, quel peut être l'intérêt de l'Angleterre si ce n'est :

De produire le plus d'objets manufacturés possible ;

De les confectionner, à l'aide de la mécanique, au plus bas prix imaginable ;

Et de les faire accepter dans tous les marchés où il lui sera facile d'avoir accès?

Qu'a-t-elle à faire pour arriver là? perfectionner ses moyens de fabrication, afin que, par la qualité et la quantité, ses objets manufacturés soient supérieurs aux produits des autres nations sans être plus élevés de prix; et établir avec l'étranger des relations qui lui assurent l'écoulement et le débit de ses marchandises. Là est son avenir; là est sa prospérité future.

L'Angleterre n'a pas laissé échapper ces observations, et son ministère était trop habile pour n'avoir pas prévu ces faits et calculé les résultats qu'ils promettaient. Attentifs à protéger l'industrie nationale, les ministres semblent donc n'avoir été occupés qu'à favoriser la fabrication et les moyens de perfectionnement; toutes ses vues et sa sollicitude se sont portées sur ce point, et le tarif a été l'instrument dont il s'est servi pour accomplir ce grand projet.

C'est ainsi qu'ils ont constamment repoussé les produits manufacturés qui pouvaient nuire à leur prospérité nationale et qu'ils ont rejeté tous les objets qui faisaient la richesse de leurs voisins et qui n'appartenaient pas à l'Angleterre. Et pour parler de nos vins et de nos eaux-de-vie, ne les ont-ils pas refusés par la seule raison que ces produits seraient venus créer, chez eux, des habitudes onéreuses qu'il eût fallu solder en numéraire ou de toute autre manière. Ce mode devait atteindre son but, et il en est résulté que les habitants de la Grande-Bretagne se sont abstenus de tout ce qui était étranger à leur pays, et qu'ils ont pris l'habitude de ne consommer que les produits de leur sol ou des objets manufacturés chez eux. Cette méthode, qui est le propre de l'économie, a été nationalisée en Angleterre, et ses conséquences ont été de hâter l'extension de l'industrie et d'encourager le fabricant ; aussi la nation n'a-t-elle pas tardé à produire beaucoup au-delà de ses besoins, et à confectionner, dans tous les genres, des articles de luxe et d'utilité première, en assez grande abondance pour approvisionner tous les marchés étrangers.

On ne saurait en disconvenir : forcer les

autres nations à accepter ses richesses, ou se voir périr au moment de sa plus grande prospérité, telle fut la conséquence de ce système. Et cette vérité fut patente dès les premières années de la paix générale, comme le prouvent les évènements de Manchester et de Glascow, où la classe ouvrière détruisit, de ses mains, les propres instruments de sa prospérité. C'est qu'alors les états du continent, encore pleins des idées qu'avait fait naître le blocus continental, tenaient fortement à leur système prohibitif, et que les relations de peuple à peuple ne s'établissaient que lentement et avec peine.

État singulier, où la prospérité fut un embarras, et où la richesse allait devenir une cause de mort si le cabinet de S.-James n'était parvenu à soumettre les peuples étrangers et à étendre la suprématie et le pouvoir de l'Angleterre, de manière à rendre les autres puissances tributaires de son industrie.

La marine anglaise fut appelée à résoudre ces difficultés. Depuis la guerre, son pavillon avait été presque seul à paraître sur les mers.

Les nations étrangères s'étaient faites à ne voir que lui, et l'habitude d'y recourir fut prise avec d'autant plus de facilité que la politique du gouvernement fut de donner sa bannière comme un signe de protection et de défense toutes les fois que l'opprimé vint demander un secours.

Les étrangers étaient donc favorablement disposés : il ne s'agissait que de les engager d'une manière plus précise.

Les premières vues de l'Angleterre, pour cet objet, se portèrent sur l'Inde : Calcutta et Bombay furent les points principaux de ses opérations. Ces deux places ne tardèrent pas à devenir les dépôts de toutes ses productions mercantiles, et les populations immenses des pays qu'arrosent l'Indus et le Gange furent soumises par les armes pour être ensuite forcées à se vêtir et à s'approvisionner des objets manufacturés que les Anglais écoulaient de l'Europe vers ces régions lointaines ; et telle a été à ce sujet l'habileté de l'Angleterre qu'elle est parvenue à faire accepter aux Indiens les tissus mêmes de ses fabriques et à leur faire solder ainsi des objets dont ils fournissent la matière première et qu'autrefois ils échangeaient après le travail de fabrication.

Ce déplacement dans les résultats n'est pas peu remarquable, suivant nous, pour les hommes qui observent ; et c'est une leçon bien frappante, du temps et de l'époque actuelle, que cet abaissement d'une grande population qui se laisse vaincre dans son industrie, au point de voir transporter au loin la matière première qu'elle récolte et d'être forcée de l'accepter après avec la préparation que lui ont donnée des mains étrangères. Mais, quand cette population s'abaissait, l'Angleterre s'est élevée, et ses expéditions, en tissus de coton, par exemple, ont monté en 1824 à 750 millions de francs, tandis qu'ils ne s'élevaient il y a soixante ans qu'à 5 millions. Est-ce donc là le sort de l'homme quand il se renferme dans les limites qu'ont démarquées la politique et le hasard ! La fortune de quelques états est-elle la ruine de plusieurs autres? Mais la mécanique, la chimie et les sciences enfin ont tout fait dans cette révolution. Que ne peut pas le génie qui crée et suit ses inspirations, vis-à-vis de l'homme qui se traîne d'habitude en habitude et qui reste stationnaire quand les siècles et les âges se succèdent avec tant de rapidité (1)?

(1) Pour donner une idée de l'accroissement de la richesse nationale en Angleterre, nous allons rapporter ici quelques chiffres que nous trouvons dans un ouvrage qui paraît avoir fixé l'attention des habitants de l'autre bord de la Manche, et qui mérite d'être connu sous plus d'un rapport. Cet ouvrage porte le titre de *The present state of England, in regard to agriculture, trade and finance, with a comparison of the prospects of England and France.*

Maisons d'habitation. — Elles étaient en Angleterre et dans le pays de Galles, année 1801, de 1,580,923.

Elles ont été en 1821, de 2,088,156.

Ce qui donne un accroissement de 507,233 ou de près d'un tiers.

Constructions civiles de tous genres, fabriques, magasins, etc. — Pour en juger, nous ferons une estimation des briques employées.

Le nombre des briques imposées pendant les années 1785, 86, 87, a été, quantité moyenne, de 463,405,628.

Le nombre des briques imposées pendant les années 1821, 22, 23, a été, quantité moyenne, de 1,020,289,183.

Ce qui donne une différence de 556,883,555, c'est-à-dire de plus de moitié.

Mais ce n'était pas assez pour l'Angleterre d'agrandir ses possessions dans l'Inde et de s'emparer de tous les établissements que les Européens avaient formés dans ces contrées ; jalouse de primer sur tous les marchés de l'uni-

PRODUITS MANUFACTURÉS ET MATIÈRES PREMIÈRES.

Cotons importés. — Quantité moyenne des années 1765, 66, 67. 4,241,364 livres.
— 1822, 23, 24. 153,799,302

Tissus de coton. — Exportation : Comme nous venons de le dire, elle s'est élevée de 5 millions de francs à 750 millions.

Laine importée. — Quantité moyenne des années 1765, 66, 67. 4,241,364 livres.
— 1802, 03, 04. 18,884,876

Tissus de laine exportés. — Quantité moyenne des années 1765, 66, 67. 115,759,600 fr.
— 1822, 23, 24. 155,013,700

Le peu de différence qui existe entre ces deux résultats prouve en faveur de notre industrie.

Soie brute importée. — Quantité moyenne des années 1765, 66, 67. 352,130 livres.
— 1822, 23, 24. 2,172,401

Fers exportés. — Quantité moyenne des années 1765, 66, 67. 11,373 tonneaux.
— 1822, 23, 24. 94,008

vers, en même temps qu'elle faisait tomber les ateliers qui s'étaient établis dans la Hollande et la Belgique lors de la réunion de ces provinces à l'empire français, elle se réservait aussi le droit exclusif d'approvisionner le Portugal. Ce

Lins importés. — Quantité moyenne des
années 1788, 89, 90. 219,610 quintaux.
— 1821, 22, 23. 601,887

Toiles exportées. — Quantité moyenne des
années 1765, 66, 67. 4,681,806 yards.
— 1821, 22, 23. 32,287,543

Total des exportations de la Grande-Bretagne :
année moyenne de 1783, 84, 85. 277,267,950 fr.
— — 1821, 22, 23. 1,132,083,975

En restant étonné d'un accroissement aussi prodigieux dans les produits de l'Angleterre, on doit remarquer, au reste, que l'augmentation des importations est proportionnelle au résultat des produits, et que, pour exporter plus, l'Angleterre importe davantage. Telle est la manière dont elle a entendu son nouveau système de commerce. Le relevé des revenus publics pour le premier semestre de 1825, prouve qu'elle ne s'est pas trompée dans ses calculs ; car, malgré la diminution générale de la taxe, le montant des droits de douane au lieu de diminuer s'est même élevé, ce qui ne peut s'expliquer que par l'extension donnée aux échanges et l'augmentation progressive du mouvement commercial.

n'était pas encore tout, au même moment ses regards étaient fixés sur un autre hémisphère, et toute son attention se portait vers l'Amérique.

Ces pays ont-ils tenté de devenir libres et de secouer le joug de la métropole, l'Angleterre loin de cesser ses relations les multiplie par des échanges de toute nature et particulièrement par des approvisionnements en armes et fournitures de guerre, qui, sans avoir un caractère ostensible de politique, ne manquaient pas de remplir ses vues, en ce qu'ils la faisaient accueillir et rechercher comme pouvant seule donner à des hommes qui voulaient la liberté, le moyen de rompre leurs chaînes et de s'affranchir de la domination de leurs maîtres.

Mais telle est la manière de faire de ce peuple, essentiellement industrieux, que tout est disposé par le gouvernement et l'administration pour qu'aucun des avantages commerciaux qui peuvent s'offrir ne lui échappent. Prête à se mettre en rapport avec tous les peuples qui ont des échanges à faire, l'Angleterre tient à leur disposition le plus riche assortiment qui soit connu en objets manufacturés de tous genres ; et, s'il était quelques articles pour lesquels la France pût le lui disputer, les primes, en réduisant le prix, maintiennent la vente.

C'est ainsi que tout est calculé pour que les marchés qu'elle ouvre aux autres nations ne soient jamais déserts. Avec un gouvernement établi de longue main, elle professe et le respect des individus et la garantie des propriétés ; elle offre à chacun la sûreté de sa personne et de ses opinions : laissant la liberté à ses citoyens, elle assure un asile aux étrangers et leur garantit une tranquillité qu'ils n'ont pas toujours chez eux. C'est assez pour que les naturels et les étrangers regardent ce pays comme un lieu de sûreté où l'homme peut se mettre à l'abri des révolutions et des tourmentes politiques, de sorte qu'en s'attachant ainsi au sol il s'attache également aux intérêts du pays et se fait une habitude de calculer son bien-être sur ce qui se passe sous ses yeux.

Or ce que le gouvernement fait pour les individus, il le fait encore, et d'une manière bien plus efficace, pour les peuples et les nations qui doivent avoir un jour quelque communauté d'intérêts avec son existence politique et commerciale. Comme je viens de le dire, une masse populeuse se soulève-t-elle pour réclamer ses titres, l'Angleterre est aussitôt sollicitée d'agir, soit comme intermédiaire, et pour des négociations conciliatrices, soit comme autorité et pour une intervention effective. Mais il y aurait souvent du danger à prendre un parti décisif quand les évènements sont incertains : l'Angleterre le sait, elle s'abstient d'agir ouvertement, et, sans prendre d'engagements, elle se déclare neutre ; ce qui veut dire qu'elle attendra le résultat pour se prononcer et qu'elle se réserve l'occasion de garantir ses intérêts sans rien compromettre de son existence publique. Si c'est une colonie qu'elle protège contre la métropole, ses relations avec celle-ci, au lieu de cesser, deviennent plus démonsratives ; elle n'épargne ni les procédés ni les protestations, elle conserve même sa dignité diplomatique, et ne se commet en rien sous le rapport politique et officiel. Mais, quand le gouvernement se renferme dans les limites ordinaires de la diplomatie, le citoyen ou plutôt le particulier agit et travaille suivant ses vues et ses intérêts effectifs. Occupé de ses relations de commerce, outre qu'il établit celles-ci par les voies ordinaires de l'échange, empressé à s'engager de toutes les manières pour obtenir plus de sûretés et de priviléges, il offre, tour à tour, et son bras et ses capitaux ; et, comme la loi de l'Angleterre se tait à ce sujet, nous avons vu des particuliers conduire des régiments entiers en Amérique et le gouvernement en prétexter ignorance pour rester en rapports de bonne amitié avec la métropole.

Qu'en résulte-t-il : que l'Angleterre, avec une telle manière de faire et en se prévalant de sa neutralité, reste en paix avec le continent, et que ses habitants ont contracté des habitudes avec les nouveaux peuples de l'Amérique ; de sorte qu'en mesure pour l'un et l'autre évènement, elle a été forte de sa neutralité et encore plus forte de son intervention tacite.

Or l'Amérique est devenue libre, et des républiques se sont formées dans ces vastes pays. Riches de leur sol et d'un avenir immense, elles ont demandé aux autres peuples des relations et une reconnaissance politique. L'Angleterre jouissait des unes ; elle a accordé l'autre : sa fortune pouvait-elle être douteuse ?

Habile et mesurée dans ses démarches, elle a cependant conservé toutes les formes usuelles de la diplomatie pour proclamer l'existence politique des états naissants de l'Amérique du sud. Cette réserve devait avoir ses fruits ; et si quelques puissances continentales ont paru hésiter et se trouver étonnées d'une résolution aussi décisive, elles ont dû lui tenir compte néanmoins de l'offre qu'elle fit à l'Espagne d'agir par elle-même et de traiter en son nom. Aussi l'Angleterre n'a-t-elle pas été inquiétée et ne devait-elle pas l'être. Au lieu de défendre sa doctrine et d'avoir à prendre les armes pour confirmer sa résolution, elle n'a eu qu'à traiter des priviléges et des avantages qu'avait offerts l'Amérique au premier qui reconnaîtrait son indépendance.

Telle est la position où s'est mise l'Angleterre, tels sont les faits qui se lient à son avenir : voyons, dans cet état de choses, quelle sera sa conduite et quels peuvent être ses projets. Ce sera déjà dire quel système la France doit suivre, quel régime de douane elle doit adopter.

Tout, pourrions-nous dire, a été disposé pour la fortune future de l'Angleterre, tout lui promet un avenir aussi prodigieux par lui-même qu'étonnant pour les autres peuples du continent.

Londres et les trois royaumes sont devenus la factorerie générale du commerce. Les transactions politiques avec les puissances étrangères y sont des traités de commerce : ceux-ci des actes privilégiés pour le débit et l'écoulement des produits de l'industrie anglaise. Du reste l'Angleterre est partout : elle a traité et traite avec tous les peuples du monde. En possession d'un vaste continent dans l'Asie et de plusieurs établissements dans les archipels de l'Inde, elle suit en même temps tous les mouvements politiques et commerciaux du

Nouveau-Monde. Son pavillon est aussi connu sur les rives de l'océan Pacifique que dans la Méditerranée. Accueillie chez les nouvelles républiques des bords de l'Orénoque et de la Plata, Corfou et Malte, sur l'ancien continent, lui offrent des ports d'où elle observe la Porte et la Russie, l'Espagne et la Grèce. Répandue sur toutes les mers et sur les points les plus éloignés du globe, elle attend, au détroit du Sund, la fonte des glaces pour se rendre dans la Baltique, et, sous la ligne, une saison moins brûlante pour pénétrer dans l'intérieur de l'Afrique. Ses officiers et ses voyageurs sont partout où le danger arrête les plus intrépides : l'un arrive au détroit de Davis, à une température où la partie vaporeuse de l'air se congèle dans l'entrepont des navires ; l'autre a passé Tombouctou et parcourt les déserts pour chercher de nouveaux peuples avec lesquels l'Angleterre puisse établir de nouvelles relations de commerce (1).

(1) Suivant la relation d'un voyage fait dernièrement par le major anglais Gordon-Laing, dans les contrées occidentales de l'Afrique, il paraîtrait qu'à 9° de latitude nord et 11° de longitude, il se trouverait une nation qui n'avait pas encore été re-

établie au nord du Saint-Laurent, et jusque sur la côte nord-ouest de l'Amérique, elle touche au Kamtchatka et à la Chine, règne dans les mers de l'Inde comme sur l'Océan, demande et sollicite des échanges avec tous les peuples, a des consuls et des envoyés chez toutes les nations, leur offre toutes ses ressources, son savoir et son expérience, obtient des produits et ne néglige aucun résultat.

Jugeons actuellement des moyens employés, et voyons quelles mesures pourront favoriser un tel essor.

Si nous ne nous trompons, c'est de ses relations avec les peuples des deux hémisphères que doit naître sa prospérité.

Mais ses rapports avec l'ancien et le nouveau continent ne peuvent cependant être les mê-

connue par les Européens, et qui est déjà assez avancée pour connaître plusieurs arts et avoir une capitale, que le major Laing appelle *Falaba*, et dont la population s'élève à 10,000 âmes. Ce pays, qui se nomme *Soulima*, produit du riz, du café et du coton d'excellente qualité. Il serait susceptible de fournir toutes les autres productions des tropiques, et pourrait offrir à l'établissement de *Sierra-Leone* de grands avantages que les pays de *Kouranko* et de *Timani* peuvent également promettre.

mes. Les états de l'Europe ont une existence affermie depuis des siècles, qui ne se prête que difficilement aux essais et aux entreprises que des peuples nouveaux et un sol à peine connu promettent et rendent possibles. Le ministère anglais a dû avoir le sentiment de ces faits et calculer son système sur les accidents qu'ils peuvent offrir.

Conserver les anciennes relations de l'Europe, et en établir de nouvelles avec l'Amérique, tel a donc été le système de l'administration anglaise. Mais les peuples de l'ancien continent rivalisent depuis des siècles avec l'Angleterre, pour la gloire et la fortune ; tous ont leur histoire et un avenir qui en dépend plus ou moins, tous aussi sont tourmentés d'une rivalité qui les porte à s'affranchir de la domination étrangère et à s'élever par eux-mêmes, sans rester les obligés de qui que ce soit. L'Angleterre, qui n'ignorait pas ces dispositions, a dû s'y soumettre et ne pas prétendre les réformer. Ses relations de commerce avec les peuples de l'Europe sont devenues plus modérées quand elle a senti cette vérité.

Si elle a continué à repousser certains produits étrangers, et dont elle manquait, n'est-ce pas qu'étant de pure consommation et ne pouvant en rien servir son industrie, elle a regardé comme une économie réelle de ne pas consommer ce qui ne pouvait flatter que le goût et des inclinations plus ou moins passagères. Tel a été, comme nous l'avons dit, l'usage de nos vins et de nos eaux-de-vie et de tous les produits de notre sol qui ne sont pas ceux du sien. Mais prenons d'autres exemples, et nous verrons, avec d'autres faits, des vues tout autres et un esprit de sagesse que les résultats les plus étonnants confirment de tous points.

Son commerce avec les puissances du nord de l'Europe expliquera ma pensée. En rapports fréquents avec la Norwége et la Russie, elle tire de ces pays de grandes quantités de chanvre, de bois, de goudron et même de fer; en échange elle fait accepter ses produits manufacturés. Un tel commerce ne peut être qu'avantageux : aussi fait-elle tout pour l'étendre et va-t-elle même jusqu'à admettre, en concurrence avec les produits de son industrie, cert-

articles manufacturés de ces régions, dont la supériorité semble appartenir particulièrement à la nature et à la qualité des matières premières; elle accepte à des droits modérés les fers cémentés de la Norwège et en fabrique elle-même, sans s'inquiéter si ses propres ateliers reçoivent une moindre quantité de demandes. On pourrait croire que ce calcul devrait lui être préjudiciable; mais l'Angleterre s'est dit qu'en fabriquant un peu moins d'un objet pour lequel elle ne peut soutenir la concurrence, elle conserverait au dehors des relations plus étendues, et qu'en admettant dans ses approvisionnements certains produits étrangers qu'elle n'a pas l'espoir de pouvoir fabriquer, du moins à une aussi grande perfection, elle se ménagerait l'avantage d'aller encore les offrir sur les places du dehors et de s'en servir pour de nouveaux échanges.

Faisons une autre citation; elle tient à son système du moment. On sait que jamais l'Angleterre, quelques soins qu'elle se soit donnés, n'a pu parvenir à lutter avec succès contre nos établissements de Lyon et nos fabrications de soieries. Que fait-elle ? Elle renonce à une prohibition qui, dans l'état actuel de son commerce, ne peut plus lui être avantageuse. Pressée de demandes, elle doit fournir à tous les marchés et approvisionner tous les pays où ses vaisseaux sont presque les seuls à arriver. Pour pouvoir suffire aux engagements qu'elle prend, elle accepte les produits de la fabrication étrangère ; et si sa fabrication particulière en souffre (ce qui n'est pas encore certain, parcequ'à l'aide de primes elle pourra la soutenir), elle s'assure un autre avantage, celui de rester chargée du transport et de l'échange de ces marchandises. Qu'on se dise actuellement que l'Angleterre commence à cultiver la soie dans ses possessions de l'Inde ; qu'on se rappelle en outre la supériorité des soieries de la Chine, le commerce que font les birmans de cet article et les relations que l'Angleterre entretient avec ces peuples par le Gange et Calcutta, et la mesure adoptée par le ministère anglais n'offrira plus rien qui doive nous étonner.

Mais passons aux relations nouvelles qu'elle

tend à établir avec les nations du Nouveau-Monde, et nous aurons le secret de la plupart de ses mesures administratives.

Comme nous l'avons dit, les Anglais ont été presque seuls à fréquenter les ports de l'Amérique du sud. Là le sol et les hommes sont nouveaux. Sous la domination espagnole, les naturels ouvrirent la terre pour en arracher l'or, mais il leur était interdit d'en extraire le fer. Tous les arts y sont presque inconnus, et une terre qui produit sans engrais et presque sans culture est restée déserte et improductive.

Après avoir fourni des armes et transporté des hommes, les Anglais, en offrant leurs marchandises pour acheter les produits du sol, ont présenté de plus et leurs capitaux et leur expérience pour exploiter les richesses immenses que la chaîne des Andes renferme dans presque toute son étendue.

Comme l'avantage était réciproque, les sociétés nouvellement constituées de l'Amérique ont accepté le marché ; et nous avons vu aussitôt des associations se former, des capitalistes et des commerçants se réunir pour doubler leurs moyens ; des ingénieurs et des agronomes se concerter pour défricher le sol, établir des routes et poursuivre sous terre ces filons d'or et d'argent que l'insatiable avidité des Espagnols avait été obligée d'abandonner, faute de bras et de moyens pour les extraire (1). Que ne doit pas attendre l'Angleterre d'une population aussi essentiellement industrieuse? que ne doit-elle pas attendre d'une masse de citoyens qui se montrent sur tous les point et qui se trouvent partout supérieurs en ressources intellectuelles et en moyens financiers (2)?

(1) De vastes houillières et des mines de fer et de cuivre, mises en exploitation, doivent assurer les produits des mines d'or et d'argent de l'Amérique du sud.

(2) Pour donner une idée des nouvelles richesses que promet à l'Angleterre l'exploitation des mines de l'Amérique du sud, nous réunissons ici quelques détails que nous empruntons à un ouvrage anglais (*An inquiry into the plans, progress, and policy of the American mining companies.* 3 d. ed : London) sur les moyens et le mode d'organisation des sociétés qui se sont formées récemment sous la dénomination d'*Anglo-Américaines*, et qui se proposent d'extraire les métaux précieux qu'on trouve en abondance dans cette partie du Nouveau-Monde.

Au moment où j'écris, on ne compte pas moins de douze ou

Disons-le, l'administration qui n'eût pas su profiter de ces avantages eût été bien dépourvue de capacité, et le citoyen de la Grande-Bretagne aurait eu lieu de se plaindre et d'adresser à ses ministres des reproches amers et sentis. Mais les Caning et les Huskisson, les Robinson et les Liverpool, avaient apprécié la position où ils se trouvent. Les dernières mesures présentées au parlement, sur l'état actuel

treize de ces sociétés, qui toutes ont leurs agents déjà rendus sur les lieux, et dont les capitaux pour l'exploitation s'élèvent à 301,500,000 fr.; régies par les intéressés, elles ont traité, à des conditions plus ou moins avantageuses, de la cession des mines. Quelques unes sont sous la présidence des hommes les plus influents des gouvernements du Nouveau-Monde; il en est même qui ont pour directeurs, ou les consuls de l'Angleterre dans ces régions, ou les ministres plénipotentiaires des républiques américaines à Londres. Les unes possèdent à ferme, d'autres ont acquis le terrain. Il en est une, celle de Buénos-Ayres, qui s'est rendue propriétaire à perpétuité de toutes les mines au sud de la Plata; et l'on dit que, dans le nombre de celles qui lui sont échues, il en est plusieurs de vierges, et qui ont l'extrême avantage d'avoir à leur proximité des bois de construction et des combustibles de toute espèce.

Enfin, ces sociétés, pour établir leurs travaux et les pousser avec activité, ont déjà expédié de l'Europe un grand nombre de navires avec des instruments et des appareils propres à l'exploi-

du commerce et la direction qu'il doit prendre, le prouvent suffisamment.

C'est ici où toute notre attention est nécessaire pour pénétrer les projets du ministère anglais. Quand l'Angleterre, avec ses marchandises, déborde sur tous les points de l'Europe, il n'est pas étonnant qu'elle s'efforce d'ouvrir de nouveaux débouchés à l'écoulement de ses produits, qu'elle proclame la liberté du com-

tation. Dix ou douze navires sont arrivés seulement à la destination du Mexique ; et, dans l'une des mines de cette province, on compte 1500 mineurs ou plus. On dit aussi que la population des villes environnantes s'augmente considérablement, et que celle de *Guanaxuato*, particulièrement, a doublé depuis que la mine de *Valenciana* est exploitée. Cette population monte, dans ce moment, à 34,000 habitants.

Tel est l'aperçu rapide, que nous pouvons donner comme assez exact, de l'établissement des compagnies anglaises pour l'extraction des métaux précieux dans l'Amérique. Quels en seront les fruits pour l'Angleterre ? C'est ce qu'on ne saurait préciser à l'instant ; mais qu'on se rappelle que, sous l'administration espagnole, le produit net des mines du Nouveau-Monde, au commencement de ce siècle, était annuellement de 212,500,000 fr. ; et, si l'on calcule les résultats nouveaux de l'exploitation anglaise, sur la supériorité de ses moyens comparés à ceux qu'avait l'Espagne, on restera frappé de la révolution que peut apporter cette entreprise sur le capital circulant de l'ancienne Europe.

merce, et qu'elle ouvre ses marchés pour obtenir la libre communication des places étrangères.

Si l'on doutait de son système à cet égard, il suffirait de citer les paroles de MM. Caning et Liverpool aux commerçants de Bristol, en janvier 1825, et l'assurance qu'ils donnèrent du soin qu'ils ne cessaient de prendre pour convaincre les nations étrangères *que le commerce ne peut prospérer que quand les préjugés disparaissent et que les entraves ne gênent plus les relations de peuple à peuple.*

Or, cette doctrine devait être suivie de faits : c'est ce qui a eu lieu ; et, le 21 mars de la même année, M. Huskisson a développé à la chambre des communes le système qui avait été annoncé dès le mois de janvier.

« Le monopole, a-t-il dit, tend à arrêter la prospérité des colonies : rejetons l'ancienne doctrine, et suivons une marche nouvelle. Au lieu de fermer nos ports, nous les ouvrirons aux puissances étrangères ; tous les pavillons y seront admis, tous les peuples y seront appelés : les entrepôts seront rétablis, et l'on trouvera à la Jamaïque, ou dans telle autre de nos colonies, un vaste marché où les produits de l'étranger et ceux de la métropole seront offerts aux spéculateurs des deux hémisphères. » — Mais remarquez une chose : *les armes à feu*, le sucre et le rum seront repoussés ; leur entrée sera prohibée. N'est-ce pas se ménager précisément l'avantage qu'offrent des colonies, conserver le monopole et l'étendre quand on affecte de le supprimer ? N'est-il pas évident que ce qui suit est le langage que l'Angleterre a dû se tenir dans cette circonstance :

« Formons sur tel point des Antilles de vastes dépôts de marchandises. Soyons confiants » dans notre propre industrie, sûrs que nous » sommes que nos objets manufacturés le disputeront toujours à ceux de l'étranger, et attireront les spéculateurs et les navires. Nos rums » et nos sucres sont là ; ils s'offriront d'eux-mêmes, ils auront des acheteurs et ne peuvent manquer de s'écouler, surtout si les peuples étrangers suivent notre exemple et s'ils » proclament, comme nous, la levée des droits » de douane et la liberté du commerce. »

Or, ce que le ministère anglais établissait par ce premier fait, il l'a confirmé par de nouvelles dispositions, et M. Huskisson annonçait presque immédiatement (séance de la chambre des communes du 25 mars 1825) une réduction générale pour tous les droits de douanes.

« Les droits sur les tissus de coton seront réduits, disait-il, de 75 à 10 p o/o ; ceux sur les étoffes de laine et draperies, de 50 à 15 p. o/o ; enfin ceux sur les toiles, les batistes, etc., de 180 p. o/o à 25.

» Ceux sur les métaux ouvrés, tels que fer, cuivre, étaim, etc., seront aussi réduits et mis à un taux qui autorise la concurrence étrangère. Plusieurs prohibitions sont levées ; et les gants et les soieries étrangères seront admis au faible droit de 30 et 33 p. o/o. »

Mais ne perdons pas de vue qu'au moment où M. le président du commerce développe sa théorie, l'Amérique est exploitée sur tous ses points par le commerce et l'industrie anglaise ; que des sociétés formées à Londres s'occupent de couper l'isthme de Panama ; que d'autres fouillent les mines, et que des compagnies travaillent les métaux en tous genres d'après les procédés connus, et depuis si longtemps mis en pratique dans les fonderies du Staffordshire, du Shropshire et de Colebrookedale; que l'industrie, outre qu'elle produit à l'intérieur, pour porter au dehors, s'établit aussi à l'étranger, et, en travaillant comme de compte à demi, naturalise et fait admettre pour marchandises nationales des produits où la matière première peut bien être étrangère, mais où le travail et la valeur acquise sont indigènes et entièrement dus au génie industriel de l'Angleterre.

De là une position dont les avantages sont dans des contraires qui semblent s'opposer et qui se concilient dans un tout identique.

Dès ce moment, en effet, l'Angleterre n'est plus une île où l'industrie nationale doive se défendre des entreprises du dehors. Tous les peuples nouveaux de l'Amérique, qui cherchent à s'établir et qui ont une industrie à créer, sont, pour l'Angleterre, des provinces conquises par son génie et où les nationaux se transportent avec leur avoir et leurs moyens pour utiliser des matières premières que le sol leur présente en abondance et que les naturels leur livrent aux conditions les plus modérées. Il aurait été injuste au gouvernement de ne pas protéger ces nouvelles entreprises ; il aurait été impolitique de repousser des produits qui, sous la dénomination étrangère, sont acquis à l'industrie nationale et naturalisés tels par le travail et le génie des citoyens.

Pourquoi, en effet, ne suivrait-t-elle pas, pour les produits qui se travaillent au dehors, mais qui sont toujours dus à l'industrie de ses citoyens, la marche qu'elle s'est vue portée à adopter pour certains articles de sa fabrication intérieure.

Il fut un temps où les laines récoltées en Angleterre suffisaient à ses manufactures : quand, dès 1767, cela eut changé, et qu'elle se vit manquer de matière première, n'eût-il pas été impolitique de repousser les laines d'Allemagne ou d'Espagne, sous prétexte de favoriser l'agriculture nationale ; et dès que ce nouvel intérêt fut créé, l'industrie manufacturière n'eut-elle pas ses titres comme l'agriculture? Celle-ci ne dut plus être favorisée au détriment de l'autre

Or, c'est en suivant cette marche que l'Angleterre a agrandi sa puissance, c'est en suivant cette marche que les introductions de laine se sont élevées à 18,884,876 livres dans le court espace de 1767 à 1804, sans que l'agriculture ait souffert, puisqu'on assure que dans les cinq dernières années l'Angleterre s'est suffi à elle-même pour ses approvisionnements de grains, quoique la population ait augmenté de 8 à 15 millions d'habitants. Pourquoi n'accepterait-elle donc pas aujourd'hui tous les produits du dehors, qu'elle a l'espoir de nationaliser, et qu'elle est certaine d'avoir à transporter sur ses vaisseaux, à négocier par ses agents?

Or tel nous a paru l'esprit du système présenté au dernier parlement par M. Huskisson, qu'il doit tendre, suivant nous, à fondre, en une seule et même pensée, ce double intérêt de l'industrie locale des trois royaumes et de l'industrie *cosmopolite* que nous venons de signaler. Sans apprécier peut-être encore ce système très exactement, tout doit cependant le faire regarder comme hostile et dangereux pour les peuples qui ont une existence manufacturière déjà avancée, mais non assez affermie pour braver la concurrence et lutter sans avoir la même expérience ni les mêmes moyens.

DEUXIÈME SECTION.

DE L'INDUSTRIE ET DU COMMERCE ACTUEL DE LA FRANCE.

En traçant un tableau rapide de la prospérité croissante de l'Angleterre, notre projet n'a pas été de déprécier les efforts que toutes les classes de la société, en France, semblent faire pour maintenir notre pays au rang des grandes nations. Si nous avons dit par quels moyens une puissance rivale s'est élevée, c'est pour mieux juger de ce que nous devons faire afin de maintenir une lutte qui n'est pas moins difficile qu'elle est grande et généreuse.

La liberté illimitée du commerce est le projet avoué de l'Angleterre.

Quels sont nos intérêts dans cette circonstance? Que devons-nous faire pour protéger notre industrie? Quel est notre commerce, et quel peut-il être? Telles sont les questions que nous nous sommes posées en prenant la plume: il nous reste, pour les résoudre, à examiner la situation où les évènements nous ont placés, quelles ressources et quels moyens nous sont acquis, quel avenir nous promettent les évènements, et quel parti on peut en tirer.

§ 1er. *De la situation où les évènements nous ont placés.*

Une marine marchande et une marine militaire, des colonies et des établissements dans les deux Indes, un commerce maritime et des relations avec presque tous les peuples, une industrie encore dans l'enfance et qui avait peine à s'élever : telle était notre situation commerciale à l'époque où la révolution est venue remuer l'édifice social jusque dans ses fondements, et couvrir le sol de débris et de ruines pour cimenter avec du sang un nouvel édifice; où les générations qui allaient paraître se sont portées pour discuter, au milieu des baïonnettes, des intérêts qui ne prospèrent ordinairement qu'avec la paix et loin des agitations politiques. Mais que ne peut pas le Français, quand sa volonté, aussi ferme que son exécution est prompte et intelligente, le porte à suivre un projet qu'il a résolu d'accomplir ? Rien de ce qui est arrivé n'est fait pour nous étonner : le passé comme le présent, tout s'explique par ce génie vif et entreprenant qui est le caractère distinctif de la nation française.

Sous les rois de l'ancienne monarchie, toutes les traditions féodales animaient encore l'esprit et le caractère de la nation, quand un ministre despote, mais profond politique, attira les gentilshommes à la cour, et sut éteindre ainsi l'esprit d'entrave et d'opposition qu'une noblesse élevée aux dépens du trône savait faire valoir contre la volonté même de nos rois. Disons-le : la pensée de Richelieu fut aussi sage qu'elle était hardie. De son ministère date cette réunion des différentes classes, qui a fait de la France une grande puissance, et qui prouva, sous Louis XIV, ce que peut un peuple qu'une même pensée anime, qu'une même ambition dévore, qu'une même gloire préoccupe.

Cependant le commerce n'existait pas encore sous le ministre-roi; et si la terre suffisait à l'entretien des cours, ce n'était qu'en l'imprégnant de sueur.

Les arts et les lettres préparaient les voies. Quand l'instruction se fut répandue, et que le goût du beau descendit des premières sommités de la société aux classes moyennes, et jusque dans les rangs de cette foule nombreuse d'hommes actifs et intelligents qui, de leur atelier, épient les fantaisies du public et s'empressent de les satisfaire, tout changea de face, et le commerce fut créé. Il ne lui manquait qu'un protecteur : Colbert, en recevant ce titre, sut s'en rendre digne à tous égards.

Attentif alors, comme nous devons l'être encore aujourd'hui, à lutter d'efforts avec un peuple que nous ne laisserions pas s'élever sans nous abaisser nous-mêmes, ce ministre comprit que la France ne pouvait conserver son rang qu'à l'aide d'une richesse nationale, qui, en donnant l'aisance à toutes les classes, assure, dans les arts et dans les lettres, dans la politique et jusque sur le champ de bataille, cette supériorité dont les peuples doivent toujours être jaloux, sous peine de dégradation.

Mais cette richesse il n'était qu'un moyen de la créer, de rivaliser avec l'Angleterre pour son commerce extérieur, de le lui disputer au dedans, par une industrie manufacturière, et d'assurer tous les autres moyens de la prospérité publique, de manière à conserver les avantages que nous promettaient et notre sol, et le génie inventif de la nation.

Pour arriver là, Colbert créa la marine militaire ; il ouvrit le port de Brest, et nos armées navales dominèrent sur l'Océan et jusque dans les mers lointaines de l'Inde et du Nouveau-Monde. C'est à cette époque que s'établirent nos comptoirs de l'Inde et que prospérèrent nos colonies des Antilles : toutes les places maritimes du royaume acquirent un état de splendeur, dont le souvenir ne s'est pas encore effacé ; mais ce n'était pas assez : et, pour alimenter un commerce d'échanges, il faut que la terre produise, que l'industrie multiplie ses productions en les variant à l'infini.

Cette pensée ne pouvait échapper à la sagacité du ministre : on sait que d'efforts il fit pour arriver au but. Mais un seul homme ne pouvait tout faire : s'il avait affranchi notre commerce et humilié l'Angleterre, celle-ci, par ses institutions et ses mœurs, avait sur la France un avantage qui ne pouvait lui être disputé, et que Colbert sentait vivement quand il s'élevait avec tant d'énergie et de persévérance contre les coutumes et les priviléges que les provinces réclamaient, de leur côté, avec tant d'entêtement et si peu de prévoyance. Il essaya de faire disparaître les bigarrures de notre législation provinciale, en montrant ce qu'avait d'absurde cette fiscalité locale et déprédatrice, qui semblait ne voir, dans les produits et les échanges, que l'occasion de frapper des taxes et de percevoir des droits. Ses efforts devaient échouer, et la main seule du temps pouvait faire ce que son génie avait conçu et qu'un roi puissant eût voulu exécuter (1).

(1) En établissant le tarif de 1667, Colbert tenta de le faire

Ainsi placé entre des institutions qui avaient vieilli et des projets qui ne s'exécutaient que lentement, le commerce ne se soutenait et ne pouvait prospérer qu'autant que l'administrateur était assez fort pour neutraliser l'effet des anciennes coutumes et substituer ses intentions à des lois que l'opinion publique avait attaquées, sans doute plus d'une fois, mais que les traditions défendaient toujours. Un tel état de choses n'était que précaire, et, loin qu'il suffît à une industrie naissante, il ne servit souvent qu'à la compromettre et à l'intimider, rarement à l'affermir de manière à ce qu'elle n'eût rien à craindre d'un changement de ministère ou d'un mode nouveau d'administration. On peut le dire enfin, les choses étaient alors si mal disposées que la bonne volonté de l'administrateur fut souvent une calamité, et que ses talents restèrent presque toujours sans

adopter aux différentes provinces, et leur offrit, à cet effet, de renoncer au droit de barrière et autres; mais peu d'entre elles acceptèrent ce bienfait, et Louis XIV lui-même recula devant des prétentions particulières, sans oser imposer les mesures que son ministre avait sagement combinées.

résultats, faute de moyens pour réaliser des projets que d'anciennes lois repoussaient de toute leur autorité.

Cependant et les ministres et nos rois (1) luttaient contre les temps anciens pour placer la nation au rang qu'elle devait avoir. Des entreprises souvent tentées dans cet objet, et une sollicitude bien entendue soit pour des établissements maritimes, soit pour l'introduction de quelque genre d'industrie (2), soit pour des améliorations dans l'agriculture, le prouvent

(1) La culture du mûrier, qui fut introduite sous Louis XI, fut particulièrement encouragée par l'exemple de Henri IV, qui peupla ses propres domaines de cet arbre précieux. Colbert suivit le même système, et, sous Louis XIV, il y eut des pépinières royales et des primes pour encourager les cultivateurs. On peut citer encore, pour une autre richesse agricole, l'éducation des mérinos et l'apprêt des laines, que Louis XVI encouragea avec tant de succès, en offrant une de ses habitations royales pour l'éducation des premiers mérinos qui vinrent en France.

(2) C'est aux soins de Colbert que nous devons les premiers établissements pour la préparation des cuirs et la fabrication de plusieurs objets de première nécessité, tels que faïence, glaces, fer-blanc, acier, soieries, draps fins, etc. On sait aussi combien il était habile à distribuer les récompenses, et quelle adresse il mettait à attirer les artistes de l'étranger pour les fixer dans notre pays.

amplement. Mais il faut le dire, et cette vérité ne peut être trop sentie, la protection du pouvoir ne suffit pas et la bienveillance de l'administration ne remplace jamais les garanties que donnent les lois et la stabilité des institutions publiques.

Telle est la cause à laquelle nous sommes portés à attribuer les chances défavorables qu essuya notre commerce dans la lutte que la France soutenait encore en 1789 contre l'Angleterre et les autres peuples commerçants de l'Europe. Alors, en effet, notre marine pouvait seule assurer notre commerce ; mais si elle ne resta pas maîtresse des mers, c'est, nous le pensons, que le commerce lui-même, et plus particulièrement notre industrie manufacturière, ne purent pas se développer assez pour entretenir un nombre suffisant d'équipages marchands, et donner par là à nos armements militaires la force et l'importance nécessaires pour lutter avec un pays qui avait plus de vaisseaux à la mer, par la raison qu'il produisait plus, qu'il fabriquait à moins de frais, et sous des institutions plus affermies.

Ces circonstances ne tardèrent pas à devenir impérieuses, et nous perdions nos comptoirs dans l'Inde en même temps que nous restions tributaires de l'industrie étrangère pour la plupart des objets manufacturés qui entraient dans notre consommation, quand les évènements politiques vinrent tout changer et placer la France dans une situation nouvelle, qui ne laissa presque aucune liaison entre le présent et le passé.

De ce moment, toutes nos relations au dehors furent rompues. Au lieu de nous présenter à la frontière avec les produits de notre sol et les objets de notre industrie, nous y poussâmes toute la population en armes, et, quand des flots de sang traçaient par leur cours les limites nouvelles que nous donnions à la république, la hache faisait rouler dans la fange des révolutions toutes les têtes où quelques pensées nobles avaient fécondé. Le commerce n'existait plus, les ateliers avaient été dépeuplés ; rien n'engageait les citoyens à y rentrer. Nos vaisseaux étaient au port, et c'était assez de se soustraire à la haine des tyrans sans aller chercher de nouveaux dangers sur des mers que nos ennemis parcouraient, et d'abandonner ses toits domestiques sans espoir de s'enrichir et avec la presque certitude de les livrer, sans défense, à la torche des incendiaires.

Quelques années d'une lutte difficile, d'une lutte égale à celle qui s'engage quelquefois entre les forces vitales au moment où la vie menace de s'éteindre, compromirent le corps social et séparèrent à jamais l'ancien et le nouveau régime, en creusant entre eux un espace profond que les préjugés et les opinions surannées n'ont plus l'espoir de franchir.

Ici commence, pour le commerce, un autre avenir, une ère nouvelle.

Les droits de traite sont abolis par un décret de 1790, et un tarif unique rend la France à elle-même, et fait naître, dans toutes les provinces, une émulation qui n'aura plus à redouter ni les priviléges ni les jalousies qui séparaient depuis si long-temps des cités voisines et soumises au même gouvernement. L'agriculture reçoit aussi un encouragement éclairé et la répartition égale de l'impôt, l'affranchissement des corvées, l'indépendance des propriétaires, la libre circulation des produits, et surtout la subdivision des propriétés (1), lui assurent une prospérité toujours croissante, que nous pouvons signaler comme s'étant soutenue depuis cette époque jusqu'à celle où nous sommes.

Mais ces mesures, pour avoir leur effet, demandaient des circonstances et des occasions favorables qui n'existèrent pas tant que les citoyens, inquiets pour leur vie et leur fortune, furent obligés de s'isoler et de prendre jusqu'au soin de cacher leur existence afin d'échapper au pouvoir farouche qui avait remplacé la conviction par la démonstration la plus atroce qu'on puisse imaginer, celle du sabre et des lois d'exception. Il n'y eut ni commerce, ni échanges, ni industrie, ni entreprises pendant les premières années de la révolution. Tous les intérêts, hors celui de l'existence, parurent éteints jusqu'à ce qu'une main plus ferme vînt

(1) Chaptal. *De l'Industrie française*, 2e part., chap. 1er.

s'emparer des rênes, et pousser dans une carrière nouvelle le char de la fortune publique (1).

Mais, au moment de ce retour vers l'ordre, on eût cherché infructueusement à recueillir les débris qui avaient pu échapper au naufrage de la société, il fallut reconnaître que toutes les anciennes sources de la prospérité publique s'étaient taries au même moment, et que la richesse nationale était à créer sur de nouveaux frais.

En guerre avec tous les peuples de l'Europe,

(1) On pourrait peut-être objecter à ce que nous disons, que ce fut sous le directoire, et avant le gouvernement consulaire, que les Bertholet, les Séguin, les Monges, les Chaptal, etc., firent leurs plus belles découvertes : ce fait ne peut être contesté; mais, quand cela avait lieu, le général Bonaparte avait une grande part dans les affaires, l'Institut était créé, et nos savants étaient partout où nos armées pénétraient. Mais je ne puis croire que quand Lavoisier montait à l'échafaud, nos chimistes osassent sortir de leur laboratoire, et que le commerçant, encore plus téméraire, fût assez imprudent pour exposer sa fortune aux chances hasardeuses des agitations politiques. Au reste il serait difficile de tout concilier dans ces temps de désordre; et quand notre premier chimiste périssait aussi malheureusement, cette même convention qui dictait son arrêt de mort créait l'école polytechnique et supprimait les loteries.

et même avec nos propres colonies, nous n'avions lutté qu'un instant sur mer. Nos vaisseaux désemparés étaient rentrés au port ; toutes nos possessions maritimes étaient envahies : et si nous fûmes forcés de renoncer au commerce des colonies, nos relations par les frontières de terre ne furent pas plus heureuses. Partout où il était question de repousser notre agression, il était trop naturel qu'on rejetât nos marchandises pour qu'il fût possible d'entretenir des échanges réglées et de bonne amitié.

La guerre cependant devait faire ce que la paix souvent ne peut produire.

Repoussés de tous les pays où nos armées ne pouvaient en imposer, une ligne formidable, formée par l'opinion et les baïonnettes ennemies, nous força à nous maintenir, pour les relations de commerce, dans les limites où les évènements nous avaient placés. Cette nécessité fit éclore notre industrie. Contraints de renoncer, d'après cela, à nous approvisionner au dehors des objets que l'étranger avait l'habitude de nous fournir, nous essayâmes de produire nous-mêmes ce que nous ne pouvions plus obtenir par les voies du négoce. Et cette rigueur d'un temps de désastre et d'affliction fut une loi salutaire à laquelle sont dus les succès de notre industrie manufacturière et l'accroissement progressif de nos richesses agricoles.

En jetant un coup d'œil sur l'époque où ce phénomène politique s'est réalisé, nous aurons occasion de dire quels ont été les progrès des arts industriels et de citer celles des mesures administratives qui ont amené ce résultat.

§ II. *Des ressources et des moyens qui nous sont acquis.*

Forcés, comme nous venons de le dire, d'interrompre nos rapports avec les autres peuples, nous dûmes essayer de produire les objets que nous tirions précédemment de chez eux.

L'abolition des jurandes pour l'industrie (1),

(1) Si l'on ne se rappelait plus du genre de protection que don-

la répartition égale de l'impôt pour l'agriculture, et les découvertes dont les sciences et les arts s'étaient enrichis depuis un siècle, furent des faits qui n'ont pas été sans résultats, comme le prouve l'état actuel de la civilisation en France.

L'émulation pour les artistes (1) et l'écoulement pour les produits en furent une conséquence directe. Si l'on ne pouvait rien porter

nait l'institution des jurandes à l'industrie, il suffirait de dire qu'au lieu d'une seule espèce de draps que prescrivaient les règlements de fabrication à *Elbeuf* et *Darnetal*, on y confectionne actuellement plus de vingt espèces différentes de tissus en laine.

(1) Le mot *artiste* employé pour désigner les hommes qui travaillent aux arts mécaniques n'est pas encore très usité, mais il le sera chaque jour de plus en plus, en ce qu'il est peu de professions où l'on ne trouve aujourd'hui des ouvriers plus habiles que ne le sont ordinairement l'artisan et le manœuvre. Jusqu'à présent notre langue n'a pas fourni à cette distinction, et cependant il faut un mot qui réponde à la supériorité que certains ouvriers exercent sur les hommes qui ne connaissent que le travail de la main. Les Romains avaient le mot *artifex* et les Grecs celui de *technitès* sous lesquels ils confondaient l'artiste et l'artisan. Si nous conservons à celui-ci sa valeur, pourquoi n'étendrions nous pas l'acception du mot *artiste*, qui doit avoir une application d'autant plus étendue que la civilisation devient plus générale et que les arts mécaniques se perfectionnent ?

Un serrurier, un menuisier, etc., sont souvent des artistes.

à l'étranger, on ne pouvait non plus rien en extraire, et ces circonstances qui semblaient devoir frapper notre industrie de langueur, et l'arrêter dans l'essor qu'elle devait prendre, firent ouvrir à l'intérieur un vaste marché où tous les produits nationaux eurent cours. La chose s'explique par les prohibitions mêmes dont les produits étrangers furent frappés et par l'aisance presque générale qui se répandit tout-à-coup jusqu'aux dernières classes de la société.

Les choses ainsi établies, et l'esprit général de la nation étant entretenu par les évènements dans une fermentation continuelle, chacun fut désireux de s'élever, et tenta, à cet effet, tous les moyens que les circonstances pourraient fournir. Le commerce n'était pas, il est vrai, la carrière où la foule se portait avec le plus d'empressement; mais ennobli par la protection que les hommes d'état et les gens de lettres du siècle précédent avaient pris l'habitude de lui donner, on s'était fait à voir les savants de toutes les classes fréquenter les manufactures et les ateliers pour confirmer leurs expériences et jeter ainsi sur le travail de l'artisan un lustre que n'avait pas eu jusque là la classe industrieuse de notre population. Au même moment, d'ailleurs, presque toutes les sciences continuaient à faire des progrès, les arts libéraux se perfectionnaient aussi sur tous les points, et le gouvernement protégeait spécialement les uns et les autres; en décernant des récompenses aux hommes qui s'illustraient dans ces deux carrières, il parut s'occuper directement de ceux qui appliquaient aux besoins de la vie les découvertes que le génie des sciences mettait chaque jour à la disposition de l'ouvrier et du manœuvre. C'en fut assez pour qu'on redoublât d'efforts sous la protection puissante de celui qui tenait alors dans ses mains la fortune des rois et le sort des nations.

Des décrets et des victoires furent le moyen dont il se servit. Par les premiers, il assurait à nos productions un privilége sur tout ce qui était fabriqué hors des possessions françaises; par les autres il offrait à nos manufactures des débouchés et des populations entières qui demandaient et notre protection et les fruits de notre travail. La France ne tarda pas à s'élever, et tous les genres d'industrie, presque sans exception, prospérèrent sur son sol sans autre secours que quelques lois de prohibitions que les économistes blâment encore, mais qu'on s'efforcerait en vain de faire passer pour funestes, quand elles ont produit un fait aussi extraordinaire que de faire naître l'industrie au milieu des débats politiques et au bruit des armes et des combats.

J'aurais trop à faire, sans doute, de signaler ici toutes les conquêtes que l'industrie et les arts ont faites dans le court espace de quelques années : qu'il me suffise, pour ce que j'aurai à dire de la position nouvelle où nous sommes placés, de rapporter quelques chiffres et un petit nombre de faits que nous empruntons, pour la plupart, à l'ouvrage estimable de M. le comte Chaptal sur l'industrie française.

Je commence par la culture du sol; et, pour suivre le cours des évènements, j'arrive de la routine à l'observation, des traditions à la théorie. Les travaux et les expériences des Yvart, des Bosc, des Husard et des Sylvestre ont eu lieu : chacun peut en profiter ; et la chimie, en donnant l'analyse de presque tous les principes constituants de la matière, a initié enfin l'agronome aux procédés par lesquels tous les objets de la nature qui servent aux besoins de l'homme se reproduisent et se multiplient.

Ici l'art et les évènements ont provoqué les essais et les nouvelles méthodes : la persévérance et le travail les ont confirmés. Avant la révolution, on connaissait peu le système des assolements, et si la Flandre en avait donné l'exemple, la presque totalité des autres provinces conservait l'habitude des jachères ; et, pour ne pas savoir que la terre répond toujours à nos efforts quand nous l'attaquons par le travail, la population entière de la France se privait elle-même d'un tiers ou plus des produits que le sol eût pu lui fournir. Des succès que l'exemple avait recommandés n'ont pas manqué de changer cet état de choses ; et, comme un essai en amène un autre, en même temps que l'agriculture faisait cette conquête, le fermier augmentait son revenu en se créant une source de richesses dans des troupeaux de moutons qu'il peut appeler sur une terre fécondée par ses mains. On sait combien la culture des laines s'est accrue, puisque au moment où j'écris nos produits indigènes suffisent presque entièrement à l'entretien de nos fabriques de draperies. Telles sont quelques unes des améliorations que le temps et la science ont amenées dans les procédés ordinaires de l'agriculture. Mais il était quelques autres résultats que l'opportunité du moment pouvait seule décider, et qui pour n'être pas d'un avantage aussi réel n'en sont pas moins étonnants, en ce qu'ils prouvent tout ce dont est capable une nation intelligente et qui sait lutter contre la nécessité. Quand nos relations avec les Antilles eurent cessé et que toute notre marine fut dans les bassins et sous les cales couvertes, les denrées coloniales et les autres productions des tropiques nous manquèrent à la fois. La chimie fut alors interrogée, et les substances végétales de notre climat s'offrirent pour remplacer plusieurs articles que nous tirions des Indes

MM. Chaptal et autres s'occupèrent d'extraire de la betterave le sucre que l'étranger nous avait fourni jusqu'alors. Leurs raffineries approvisionnèrent nos marchés d'un sucre aussi beau que celui des colonies, et d'une qualité telle, que, depuis la paix, il a été possible de soutenir la concurrence et de faire même des profits.

Une autre production exotique non moins précieuse, et dont il était aussi difficile de se passer, l'indigo fut également remplacé par une production de notre pays; et il a été prouvé que le pastel ou guède du Languedoc, comme l'anís de l'Amérique, contient un indigo aussi pur et aussi net que celui du Nouveau-Monde; et que, s'il y a une différence entre les produits des deux continents, pour les profits qu'ils offrent dans le commerce, cela ne peut venir que de la méthode employée pour débarrasser cette matière précieuse des parties étrangères qui la déprécient.

Mais le temps devait encore nous pousser sur des plages lointaines, où nous n'avons trouvé, outre quelques productions qui nous flattent plus ou moins, que des maladies et des maux de toute espèce. Laissons à nos navigateurs traverser de nouveau les mers et chercher la mort, au lieu de recueillir, sur le sol qui les a vus naître, des richesses qu'il suffirait de lui demander pour les obtenir. Énumérons quelques unes des faveurs dont le sort a gratifié notre heureuse patrie dans les dernières années qui viennent de s'écouler.

Au nombre des découvertes dont la chimie nous a dotés, on doit compter :

La méthode de blanchir les fils et tissus de chanvre, de lin et de coton, par l'acide muriatique oxigéné (1) : procédé inconnu avant la révolution.

L'alambic d'Édouard Adam pour la distillation des vins. Sa perfection est telle, qu'en produisant une quantité beaucoup plus considérable d'eau-de-vie, les vins n'en ont pas moins augmenté; ce qui est d'un avantage considérable pour les échanges que nous faisons avec l'étranger.

(1) C'est le *ch ore* de la nomenclature actuelle.

On doit compter aussi l'appareil employé par M. Darrocq pour l'épuration des goudrons du midi de la France, et qui a donné à cet article de notre industrie des qualités telles qu'il égale au moins ceux qu'on tire du nord.

Les nouveaux procédés pour réduire le bois en charbon et obtenir un vinaigre très pur, dont l'usage est recherché dans les arts. (Découverte de MM. Vauquelin et Fourcroy.)

Le procédé de M. Lebon, ingénieur des ponts et chaussées, pour obtenir le gaz hydrogène ; cet éclairage que tous les établissements publics ont adopté, et qui du jardin et de la maison de cet ingénieur, que tout Paris a pu voir illuminés par cette méthode, avait passé dans quelques ateliers de l'Allemagne et de l'Angleterre.

On peut nommer encore l'éclairage des lampes et la fabrication de ces ustensiles, qui forment aujourd'hui une branche importante d'industrie nationale ; le sucre de betteraves, le pastel, la garance, les maroquins dont le prix et la qualité sont tels que nous n'allons presque plus en chercher dans le Levant et à Constantinople.

Enfin l'acide sulfurique, traité actuellement avec une telle supériorité, qu'il est prouvé par les procédés en usage, qu'il n'est pas un seul atome qui soit perdu dans l'opération : perfection dont les étrangers sont encore très loin.

Mais ce que nous disons ici de l'acide sulfurique, nous pouvons le dire de tous les acides en général, comme ayant reçu, dans leurs moyens d'exploitation, une perfection et une économie telles que les arts de tous les genres ont été appelés à en profiter, et que presque tous les perfectionnements qu'on pourrait signaler dans la manutention des métaux et la teinture des tissus sont dus à ces progrès de la chimie.

Il est cependant encore d'autres découvertes : et la soude, que M. Leblanc a appris à extraire du sel marin, est actuellement acquise à notre industrie, tandis qu'autrefois nous payions à l'étranger de fortes sommes pour nous procurer cette matière précieuse.

L'alun, qu'on cherchait dans les entrailles

de la terre, s'est produit aussi, de nos jours, dans les ateliers des Chaptal et de quelques autres chimistes. Sous ce rapport encore la France a cessé d'être tributaire de l'étranger.

Il en est de même de la couperose. Mais c'est surtout la fabrication de l'ammoniaque, dans nos ateliers, qu'on doit regarder comme une des conquêtes les plus remarquables de notre industrie sur l'étranger. L'Égypte était autrefois le lieu où nous nous approvisionnions presque exclusivement de cette matière ; nous en produisons aujourd'hui au-delà de nos besoins. Et jusqu'aux déchets et résidus de tous genres, qui proviennent de la fabrication de ce sel, ont acquis une valeur importante, par l'emploi qu'on en fait dans d'autres préparations chimiques, telles que le raffinage de sucre, la cristallisation de l'alun, etc. On peut le dire, ce sont de ces phénomènes que la science seule peut créer et qui ont le droit d'étonner les générations qui les voient naître. Qui eût pensé, par exemple, il y a seulement trente ans, que tous ces déchets de matières animales, qui infectaient plusieurs des quartiers de nos villes, et qui leur donnaient l'apparence d'une voierie ou d'un vaste charnier, seraient un jour soigneusement recherchés pour les ateliers d'où nous voyons sortir des sels combinés de tous les principes alkalisés de la nature ?

Mais citons encore : le blanc de plomb et les céruses, autrefois entièrement importés d'Allemagne et d'Angleterre, sont aujourd'hui fabriqués en France par des procédés nouveaux et supérieurs aux anciens.

Les savôns de toilette, dont nos approvisionnements se faisaient en Angleterre, et que MM. Decroos et d'Arcet sont parvenus à faire rechercher de l'étranger.

Les préparations de mercure, telles que cinabre, sublimé corrosif, etc.

Les cymbales et tam-tam, autrefois extraits de l'Inde et de Constantinople, actuellement fabriqués en France et réduits, pour le prix, de 500 fr. à 16 et 17 fr.

Le fer et sa manutention. On sait que depuis Buffon, qui avait fait de nombreux essais dans ses forges de la Bourgogne, la fabrication du fer n'avait acquis que fort peu jusqu'à ces dernières années. Mais en 1820 et 1821, presque tous les maîtres de forges se sont entendus pour employer à la fusion du minerai la houille au lieu du charbon ordinaire (1), et à introduire les fours à réverbère pour convertir le minerai en fer en barres sans passer par une double opération pour la fusion et le laminage. Nouveau procédé, qui au mérite de dégager la matière première de ses parties hétérogènes joint celui de donner du nerf au métal et de le corroyer beaucoup plus.

On peut citer aussi :

La quincaillerie, que nous tirions presque

(1) Quand tous les arts se plaignent du prix élevé du combustible et qu'ils attribuent à cette circonstance la difficulté qu'ils éprouvent à concourir avec l'industrie étrangère, n'aurait-on pas droit de s'étonner du peu d'empressement que nous mettons, sous certains rapports, à profiter des avantages que plusieurs localités peuvent nous fournir? On sait, par exemple, et on en a eu la preuve par de très beaux produits, qu'il existe à Quimper, entre Brest et Lorient, à proximité de deux de nos arsenaux maritimes, une houillière dont les échantillons sont de première qualité. Pourquoi quelque société, sous la protection du gouvernement, ne reprendrait-elle pas des travaux que celui-ci avait commencés, mais qu'il n'avait pu poursuivre dans un temps où d'autres intérêts appelaient toute son attention?

toute de l'étranger, et que nous fabriquons actuellement dans nos ateliers.

La coutellerie, pour laquelle, quand on nomme Saint-Étienne, Moulins, Langres, Thiers, c'est dire que rien à l'étranger n'est supérieur à ce que nous produisons.

Les tôles, qui ne se fabriquaient autrefois qu'au martinet, et qui s'obtiennent aujourd'hui, et d'une manière si prompte, à l'aide de deux cylindres agissant en sens opposé; et l'art de les vernir en leur donnant toutes les formes possibles pour vases, candelabres, etc. : genre d'industrie entièrement nouveau et qui s'est considérablement étendu.

La bijouterie d'acier, qui a fait tant de progrès par le procédé ingénieux qu'a trouvé M. Schay pour donner à cette matière un degré de malléabilité qui permet de la travailler à peu de frais.

Les porcelaines enfin, dont celles de Sèvres n'étaient qu'un objet de luxe, tandis que plus de quatre-vingts fabriques, pour des objets de ce genre, se sont établies et nous ont fait perdre l'usage des porcelaines de Chine, outre qu'elles nous ont affranchis du tribut que nous payions à l'Angleterre pour sa poterie.

Et les verres et cristaux, tels qu'ils ont été perfectionnés par MM. Dartigues et de Fougerai, qui ont porté le désintéressement jusqu'à fournir, sans bénéfice, le *flint-glass* que nos opticiens ne voulaient accepter que de l'Angleterre, et à les habituer ainsi à se passer d'un produit étranger que nous fabriquons d'une aussi bonne qualité.

Produits manufacturés. — Pour ajouter à ce que nous venons de dire, rapprochons ici quelques chiffres sur l'augmentation progressive des résultats de notre fabrication ; ce sera prouver ce que nous avons avancé.

Soies. — En 1789, la fabrique de Lyon occupait 7,500 métiers et 12,700 ouvriers ; en 1800, 3,500 métiers et 5,800 ouvriers ; en 1812, 10,720 métiers et 15,500 ouvriers ; en 1824, 26,200 métiers et 34,000 ouvriers. « Ainsi » dit M. Billiet fils aîné, auteur d'un Mémoire sur les douanes et les prohibitions, couronné en août 1825 par l'académie de

Lyon, « cette industrie s'est accrue à Lyon, » depuis vingt-quatre ans, dans la proportion » de 2 à 15.

» Il en est de même, ajoute-t-il, à Nismes, » à Ganges, à Saint-Chaumont, à Saint-Étienne, » à Saint-Didier, à Avignon, etc. »

Tissus de coton. — Leurs produits en 1789 étaient presque nuls; ils étaient en 1817 de 191,600,000 francs, d'après l'estimation de M. Chaptal.

Lins et chanvres. — *Tissus* — Il est à remarquer que quand la fabrication des cotons s'est si considérablement accrue, celle des toiles, loin de baisser, s'est soutenue, et qu'elle a même augmenté. Les seules villes de Voiron, Mens, Bourg-d'Oisans, dans le Dauphiné, fabriquaient en 1812, 24,310 pièces de 80 mètres de long sur 1 mètre 20 centimètres de large, tandis qu'en 1789, elles n'en produisaient que 18,500.

La fabrique de Lille offrait, à la même époque, des résultats pareils, et elle donnait, en 1812, 89,440 pièces de toile, tandis qu'elle n'en donnait, en 1800, que 44,100. Ce que nous disons pour ces deux points, nous pouvons l'établir également pour Laval.

Fers. — On comptait, en 1789, 202 hauts fourneaux et 76 forges à la Catalane : on comptait, en 1817, 230 hauts fourneaux et 86 forges.

Il y avait, en 1789, 792 feux d'affinerie : on en comptait, en 1817, 861. Et M. Chaptal estimait alors le produit de nos forges à 190,301,072 francs. Nous avons lieu de penser que les perfectionnements introduits depuis cette époque, et dont nous avons été témoins nous-mêmes dans les provinces du nord, n'ont pu qu'augmenter beaucoup ce résultat.

Horlogerie. — Avant 1789, on ne fabriquait en France que 200,000 montres, ou environ, on en fabrique actuellement 300,000 ou plus. On sait d'ailleurs combien l'art de dorer sur bronze a ajouté à cette industrie.

En nous trouvant forcés de borner à ce petit nombre de faits l'état réel de l'accroissement de notre industrie nationale, ne pourrions-nous pas ici exprimer le vœu que le gouvernement fît publier de temps en temps un état comparé des conquêtes que le génie français fait chaque jour dans les arts et les sciences? Une grande nation aime à compter ses entreprises par les succès qu'elle obtient, et cette satifaction sur ses propres travaux ne peut qu'ennoblir le sentiment qu'elle prend de ses forces.

Mais, en même temps que le besoin et les circonstances faisaient faire toutes ces découvertes, le désir de s'élever et la noble ambition de la science et du savoir portaient tous les hommes qui s'occupent des progrès de l'esprit humain à faire dans les arts et les connaissances exactes des tentatives d'un genre pareil. Leurs résultats n'ont pas été moins étonnants que ceux que nous venons de citer; et, après avoir eu peine à compter les nouvelles acquisitions de la chimie et de la mécanique, nous avons lieu de nous étonner encore plus de ce qu'ont tenté des hommes laborieux, qui ont osé, après les Buffon et les d'Aubenton, chercher de nouvelles routes pour pénétrer plus avant dans le sanctuaire des sciences. Écoutons M. Cuvier, présentant à l'Académie un rapport sur les progrès de nos connaissances en histoire naturelle, et nous jugerons facilement des efforts qui ont été faits par les résultats qu'ils ont produits.

En 1778, Linnée ne comptait qu'environ 8,000 plantes ; aujourd'hui M. Decandolle en décrit au moins 40,000. Buffon estimait le nombre des quadrupèdes à 300 ; M. Desmarets vient d'en énumérer environ 700. Il y a vingt ans seulement, M. Lacépède en faisant l'histoire des poissons n'en avait trouvé que 1500 espèces au plus : le seul cabinet du roi en contient aujourd'hui 2,500.

On ne saurait le nier, cette progression rapide dans les chiffres qui représentent nos connaissances de tous les genres est bien faite pour donner aux hommes de l'époque actuelle une haute idée de leurs efforts. Mais rendons aux générations qui nous ont précédés ce qui leur advient de ces conquêtes qu'ils avaient préparées de longue main. Oui, disons-le, car c'est une vérité incontestable, les chefs-d'œuvre du siècle de Louis XIV et les progrès rapides des sciences exactes dans le siècle suivant ont préparé ce miracle dont nous jouissons en paix.

Toutes les classes de la société n'ont songé, en effet, à embellir leur existence et à rechercher ce qui peut lui donner du lustre que quand le sentiment du beau et ce tact délicat des choses exquises est devenu comme familier à tous les Français.

Jusque là toutes ces conquêtes étaient plus ou moins incertaines, et les nouveaux procédés que le génie venait d'acquérir restèrent livrés à l'arbitraire d'une spéculation plus ou moins hasardeuse, jusqu'à ce que l'administration, appelée à les confirmer, ne soit venue en régulariser l'application par des institutions et des règlements. N'est-ce pas elle, en effet, qui a précisé ce mouvement général de l'industrie par les hommes qu'elle a préposés au service de tous les objets d'utilité publique?

La création de l'école polytechnique fut, sous ce rapport, une des conceptions les plus heureuses qu'on puisse citer; la société d'encouragement pour l'industrie, l'école des arts et métiers, le conservatoire des machines, et, de nos jours, le cours gratuit de géométrie-pratique que le savant Dupin a ouvert si généreusement à la classe nombreuse des ouvriers, ne sont pas des faits moins remarquables. Mais c'est quand nous voyons toutes nos cités rivaliser entre elles pour donner à la classe ouvrière l'espèce d'instruction qui lui convient le plus, que les hommes qui aiment leur pays et sont attachés aux princes qui les gouvernent doivent lutter d'efforts et de moyens pour rendre communes les connaissances qui peuvent assurer à nos arts et à notre industrie la supériorité que nous devons être jaloux de leur donner sur ceux des autres peuples avec lesquels nous rivalisons (1).

Appelons-en donc à tous les sentiments nobles et désintéressés, à toutes les passions généreuses. Engageons chacun à faire un effort, et disons hautement que la science du gouvernement et l'art de perfectionner la condition

(1) Pénétres de cette pensée, nous avons essayé nous-même, dans le petit nombre de connaissances qui nous sont acquises, de nous rendre utiles en créant à *Pont-l'Abbé*, lieu de notre résidence, une école gratuite de dessin, où nous professons, depuis un an, la théorie des lignes et celle des ombres, sous le rapport qu'elles peuvent avoir avec l'art lui-même et l'avancement de certaines professions mécaniques.

de l'homme, par les voies de l'industrie et de la civilisation générale, font journellement des progrès immenses. Disons que nous voyons aussi les questions et les doutes, sur les objets d'intérêts privés et généraux, se résoudre presque subitement et à fur et à mesure que l'application aidée de l'expérience vient justifier les nouveaux essais que l'on ne cesse de faire dans tous les procédés qui répondent aux besoins de la vie.

C'est ainsi, par exemple, que l'emploi des machines et les découvertes en mécanique ont effrayé, pour un instant, la masse populeuse des classes ouvrières de tous les pays, et que ces mêmes hommes, qui craignaient de se voir sans travail, ont appris, depuis, que les besoins croissant par-delà les moyens de production, il est toujours certain que les produits obtenus trouveront à s'écouler, et qu'ils deviendront dès lors un moyen d'aisance et de richesse pour celui qui fabrique et pour celui qui consomme. D'autres questions, moins positives de leur nature, sont-elles débattues : nous les voyons résoudre avec non moins de succès ; et, s'il est encore plusieurs branches d'économie politique où le doute prédomine, il est d'ailleurs aussi, dans cette matière, une foule de questions qui s'éclaircissent successivement, et que nous avons l'espoir de voir réduire par le raisonnement et l'expérience. De ce nombre sont presque toutes les questions qui traitent de l'argent, des banques et du mouvement des valeurs monétaires. La liaison qui existe de nos jours entre le cours de l'argent et les garanties que doit donner l'administration de sa sagacité et de sa prudence, rend compte des progrès que la science doit faire ; car plus d'hommes étant intéressés à pénétrer le secret des opérations financières de l'état, plus de faits sont débattus ; et la vérité se poursuit avec d'autant plus d'empressement que chacun veut se rendre compte des résultats.

§ III. *Quel avenir nous promettent les évènements et quel parti on peut en tirer.*

N'avoir plus qu'à parler des évènements actuels pour apprécier leur influence sur notre avenir, c'est n'avoir qu'à nous résumer d'après les faits que nous venons de poser.

Encore inhabiles dans la science de l'économie générale, nous n'avions fait, jusqu'en 1789, que des essais plus ou moins infructueux dans tous les genres de commerce. Préoccupés d'une rivalité que l'Angleterre nous avait suscitée, nous luttions avec des chances de succès très variées, sans pouvoir prendre vis-à-vis d'elle tous les avantages que nous devions tirer plus tard de notre position topographique.

Presque son égale sur les mers, nous le lui cédions, et de beaucoup, pour l'industrie manufacturière et l'art de produire, par le travail, ces richesses nationales qui font la force des états. La révolution eut lieu et tout disparut devant un nouvel état de choses.

Notre commerce du dehors est supprimé, celui de l'intérieur se crée et prospère rapidement : la guerre a opéré ce phénomène.

Si nous n'avons plus de marine et de vaisseaux sur les mers, c'est que nous ne demandons plus rien à l'étranger. Nos manufactures et notre sol pourvoient à nos besoins.

Mais cet état cependant n'était que provisoire : il est enfin un jour de réconciliation pour les peuples comme pour les familles.

La France rentre dans ses limites anciennes et se désiste de ses prétentions ; elle est réconciliée avec toutes les puissances de l'Europe. Des relations amicales s'établissent, et il n'est de changé pour elle que son régime d'administration particulière, qu'elle a totalement modifié.

Quels sont ses nouveaux intérêts, quelles mesures a-t-elle à prendre ? N'est-il pas évident, pour premier fait, qu'elle eût risqué de compromettre sa fortune naissante, si, dans l'espoir de ressaisir les avantages de sa position ancienne, elle eût sacrifié ceux de sa position nouvelle ; en un mot qu'elle eût compromis l'industrie manufacturière, si, pour quelques échanges maritimes, elle avait livré cette industrie sans défense à la rivalité de l'Angleterre et à sa longue expérience dans une carrière où nous ne faisons que d'entrer?

Les tarifs de 1816 et 1817 furent très sages sous ce rapport; et si l'ambition de nos voisins s'est efforcée plusieurs fois de porter les pays limitrophes de nos frontières de terre à attaquer notre industrie par des prohibitions et des mesures de représailles, notre administration cependant doit s'applaudir de n'avoir pas fléchi devant des considérations de cet ordre.

Mais quand tous les peuples en masse, tourmentés de la passion du travail, pourvoient eux-mêmes à leurs besoins et produisent au-delà de leur nécessaire, les lois et les règlements qui ont favorisé l'essor de leur commerce intérieur ne doivent-ils pas se modifier pour agrandir les relations du dehors?

Il serait absurde de repousser cette proposition et d'y répondre négativement. Mais, en reconnaissant le principe, suivons-en les conséquences, et sachons quelles d'entre celles-ci nous devons accepter, et quelles aussi nous devons repousser.

L'industrie manufacturière de la France s'est beaucoup perfectionnée : nul doute à cet égard. Peut-elle, dès ce moment, lutter avec espoir de succès contre l'industrie anglaise ? nous avons lieu de croire que non. Mais peu importe, admettons la proposition contraire, pour jeter plus de jour sur l'objet en discussion.

J'admets donc qu'une noble émulation et un désir égal de s'élever pousse dans la carrière deux nations que nous avons vues tant de fois se mesurer les armes à la main.

Les lignes de douanes tombent devant cette pensée (je suppose toujours que l'Angleterre ne nous attaque pas directement, et qu'elle ne cherche point à inonder nos propres marchés pour tuer notre industrie) : les deux peuples se livrent, en toute sécurité, à leurs spéculations lointaines ; nos ateliers redoublent d'activité, et nos vaisseaux parcourent toutes les mers ; en un mot, nos échanges augmentent chaque jour et notre prospérité s'accroît rapidement. Tel est, sans doute, ce que nous pourrions espérer de plus avantageux.

Mais est-ce tout que de jouir d'une fortune aussi inattendue ? un peuple qui s'élève doit rester au rang où il s'est placé, car s'il décline, sa chute est terrible.

Je suppose donc qu'accueillis dans tous les comptoirs nous touchions enfin à cet état de grandeur qui, en ajoutant à notre caractère, ferait germer quelques unes de ces pensées que nous nous sommes occupés, pendant un moment d'aller inoculer chez nos voisins avec le fer des baïonnettes, et qui malheureusement intervertissent trop souvent l'ordre habituel des choses. Croyez-vous que l'Angleterre reste simple spectatrice d'une telle prospérité? Croyez-vous qu'elle renonce à lutter encore? Croyez-vous enfin qu'elle nous donne la main pour nous asseoir à cette place où nous n'aurions plus de rivaux, et à laquelle elle sait fort bien que notre génie nous donne plus d'un titre?

Non : ce serait s'abuser. Étendez votre commerce, faites des entreprises lointaines, venez même rivaliser avec son industrie sur les marchés du Nouveau-Monde; mais du jour où son commerce en souffrira, tous ses arsenaux se peupleront à l'égal de ses ateliers, ses vaisseaux partiront de tous les ports, et la France doit laisser là le caducée pour tirer l'épée et se mesurer. Nul doute, et à Dieu ne plaise que nous hésitions à le dire, de nouveaux lauriers nous seront réservés : mais le courage ne supplée pas toujours à la force ; et, si je fais ici l'état comparé de notre puissance maritime et de celle de l'Angleterre, je ne puis que former des vœux, non m'étayer de ce qui est pour me rendre à des vues qui seraient funestes à notre commerce.

Il serait donc dangereux, sous le rapport des chances maritimes, de donner à notre commerce une direction qui le soumît entièrement au fait plus ou moins probable d'une rupture politique.

Reprenons la question, et envisageons-la actuellement sous le point de vue que nous avions écarté pour un moment, je veux parler de la nature des relations que l'Angleterre paraît vouloir établir avec les peuples de l'ancien continent.

Voici (comme nous croyons l'avoir prouvé) quelles sont les vues de l'Angleterre, et ce qu'elle dit pour sa propre cause.

«Après avoir perfectionné notre agriculture et établi notre industrie manufacturière, le premier intérêt que nous ayons est d'agrandir notre commerce d'échanges, et de ménager, outre les profits que promettent le sol et le travail des nationaux, ceux que peuvent donner le transport et la vente de tous les objets susceptibles d'être consommés dans quelque pays que ce soit. Pour arriver là notre système doit changer, et les importations en Angleterre des produits étrangers ne doivent plus se borner aux seules matières qui manquent à notre sol ; comme l'exportation et le transport en pays étranger ne doivent pas se réduire aux seuls produits de nos manufactures, mais comprendre tous les articles, de quelque origine qu'ils soient, qui peuvent offrir un bénéfice à faire, ne fût-ce que celui du fret et de l'échange de place. »

En faisant ce raisonnement, l'Angleterre devient le marché général du monde : ses établissements dans les deux Indes seront des sources inépuisables de richesses ; sa marine, continuellement occupée, sera la plus formidable qui existe, et son empire sur les mers, comme dans les marchés, ne saurait être douteux.

Mais ce n'est pas assez d'avoir senti cette position, il faut amener les autres peuples à s'y prêter.

Voici ce qu'elle ajoute à ce sujet : et elle s'adresse directement à la France qu'elle croit, avec raison, le plus en garde contre son système. Pour resserrer les termes de la discussion, nous empruntons les propres expressions du *Westminster revew*, journal très réputé en Angleterre et interprète ordinaire de l'administration :

« L'avantage qui résulte du commerce extérieur, dit ce journal, est tout entier dans le nombre et la variété des importations. C'est le seul moyen d'ajouter à nos jouissances et de nous approprier les objets qui peuvent satisfaire nos goûts. »

Je n'ai pas sans doute besoin de faire remarquer au lecteur que ce langage du ministère anglais n'est pas d'une date très ancienne, et que ce ne sont pas là les principes qu'il professait quand il repoussait avec tant de rigueur les produits étrangers qui n'étaient que de pure consommation pour les habitants de la Grande-Bretagne.

Au reste voici comme il poursuit :

« Supposez , d'après cela , que cent jours » de travail en Angleterre produisent 1,000 au» nes de soie et 2,000 aunes de coton ; tandis » qu'en France la même quantité de travail » donne 2,000 aunes de soie , et seulement » 1,000 aunes de coton. Il est de l'intérêt des » deux nations que le coton de l'Angleterre » soit échangé contre la soie de France. »

Rien que de très juste dans ce raisonnement, et nous concédons : mais poursuivons. C'est toujours le *Westminster rewew* qui parle :

« Si dans une circonstance donnée et au » moyen de quelque invention utile , telle » qu'une machine à vapeur, cent jours de tra» vail produisent en Angleterre 2,000 aunes de » soie et 4,000 aunes de coton , et en France » seulement 2,000 aunes de soie et 1,000 aunes » de coton , comme dans l'hypothèse précé» dente , il sera encore de l'intérêt des deux » pays que les cotonnades anglaises soient » échangées contre les soieries françaises. »

Arrêtons-nous ici et précisons les faits d'une manière un peu plus exacte. Dans la première hypothèse, et lors de nos échanges primitives, l'Angleterre ne produisait que 1,000 aunes de soie : ses besoins restent-ils les mêmes quand elle en produit 2,000, et est-il certain qu'elle continue à s'approvisionner chez nous d'un article dont ses fabriques produisent le double ? Ce premier fait pourrait bien changer l'état de la question. Mais passons outre.

La France n'a rien gagné pour la fabrication de ses cotonnades, quand l'Angleterre, de ce côté, a encore doublé ses produits : est-ce être injuste que de nous inquiéter de cette prospérité, et, si nous commencions à lui ouvrir nos marchés, n'aurions-nous pas à craindre qu'avec des produits toujours perfectionnés et sans cesse plus considérables, elle ne pourvût à notre consommation, au détriment de nos propres manufactures.

Il est inutile, sans doute, que je m'étende davantage et que j'appuie plus long-temps sur ces faits : ce serait mal penser de nos lecteurs que de croire qu'ils puissent se laisser séduire par les raisonnements captieux du publiciste anglais et par les exclamations admiratives que pousse à ce sujet un de messieurs les rédacteurs de la *Revue britannique*, qui cependant, à ce que je crois, professe à l'école spéciale de commerce.

Mais, puisque nous avons entammé une discussion de principes avec les partisans du système *de la liberté illimitée du commerce*, reprenons leurs assertions pour éclaircir la matière que nous traitons.

Passons du commerce direct que peuvent faire les deux nations entre elles à celui qu'elles auraient occasion de tenter sur un même théâtre, hors leurs possessions respectives, par exemple dans l'Amérique du Sud. Je suis toujours les intentions de nos adversaires, et je prends la question telle qu'ils la posent eux-mêmes.

« Supposons, comme ci-dessus, que cent » jours de travail produisent en Angleterre » 2,000 aunes de coton et 1,000 aunes de soie, » et en France 2,000 aunes de soie et 1,000 aunes de coton. Admettons que ces deux pays » commercent avec le Brésil, où l'on peut » changer contre un quintal de sucre une aune

» de coton ou de soie : il est évidemment de » l'intérêt de la France et de l'Angleterre que » la France produise de la soie et l'Angleterre » du coton, comme moyens d'obtenir du su- » cre. Si à l'aide de machines à vapeur cent » jours de travail en Angleterre peuvent donner » 4,000 aunes de coton et 2000 aunes de soie, » tandis que cent jours de travail en France ne » produisent que 2,000 aunes de soie et 1,000 » aunes de coton, il est encore avantageux » pour l'Angleterre d'acheter des soies françai- » ses pour les exporter au Brésil, et de l'inté- » rêt de la France d'acheter du coton en An- » gleterre pour la même destination. »

Oui : mais est-il également avantageux aux deux puissances d'étendre leurs relations commerciales en pays lointains, ou plutôt ont-elles le même intérêt à le faire, ont-elles les mêmes moyens d'en profiter, soit par leur marine, soit par les objets qu'elles peuvent exporter.

Pesez ces différentes considérations, et vous verrez que l'Angleterre sera partout avec ses vaisseaux pour transporter les marchandises et profiter du fret.

Qu'en produisant plus et à meilleur marché, elle dépréciera les objets de votre industrie.

Qu'en augmentant ses propres produits, si elle achète les vôtres ce ne sera que pour les transporter.

Que ses relations étant plus fréquentes avec les peuples étrangers que celles que vous pourrez avoir, ses traités seront toujours plus avantageux et plus stables.

En un mot, qu'elle taxera vos marchandises et vous primera de toutes les manières : que les profits seront pour elle et que notre industrie aura été frappée à mort.

Telles sont les craintes que nous avons cru devoir exprimer. Encore une fois ce n'est pas que nous désespérions du génie et de la persévérance de nos compatriotes : mais quand la lutte dure encore, nous croyons devoir rappeler que l'Angleterre a sur nous un avantage que nous ne saurions lui disputer, savoir : l'expérience acquise par une longue pratique et une sage répartition dans le travail de ses ouvriers, choses que nous sommes encore loin d'avoir atteintes.

Ces circonstances ne nous seront pas, sans doute, toujours aussi défavorables : mais, quand notre industrie ne fait que de naître, l'Angleterre, depuis près d'un siècle, approvisionne les marchés de l'Europe en produits manufacturés de tous genres ; et les demandes qu'on lui adresse des divers points du globe l'ont conduite à porter une attention spéciale sur l'emploi du temps et le travail de ses ouvriers. Le résultat a été, sur ce point, d'avoir pour chaque partie d'un objet manufacturé quelconque des artistes aussi habiles qu'ils peuvent l'être, et d'économiser ainsi et leur travail et leur temps en les tenant toujours à un genre d'occupations qui n'a plus ni intervalles ni interruptions.

Ces raisons expliquent suffisamment pourquoi l'Angleterre peut donner à plus bas prix que nous presque tous les objets manufacturés de son industrie, quoiqu'elle ne les fournisse pas toujours d'une qualité supérieure ou même égale aux nôtres. Ajoutez encore à cela que l'esprit des deux nations ne se prête pas également aux mêmes résultats, et que je ne sais quel désir de réputation porte généralement les artistes français à mettre leur attention plutôt à produire un objet remarquable que des articles qui, par leur bas prix et leurs frais de fabrication, soient à la portée de toutes les classes et de toutes les fortunes; ce qui fit dire au célèbre Fox, qui voyait une de nos expositions, qu'on paraissait ne travailler en France que pour le luxe et les classes élevées.

Me tromperais-je : je crois que, pour que les idées de nos ouvriers changent à cet égard, il faut que les classes inférieures de la société puissent leur offrir, outre le prix des objets, cette considération que donne le suffrage des hommes quand ils sont éclairés. L'éducation généralement répandue jusque dans les dernières classes de la population anglaise a produit chez cette nation le résultat dont nous parlons.

Mais enfin, me dira-t-on, que voulez-vous donc? Ni commerce maritime, ni échanges en pays lointains : que deviendra l'industrie avec un pareil système?

Interrogez, vous dirai-je, l'administration qui résiste à vos déclamations, en jugeant les faits pour céder aux évènements ; et vous saurez quelle doit être notre prospérité future.

Empressée à seconder de sa protection tous les projets utiles et toutes les industries naissantes, n'est-ce pas elle, puis-je vous dire, qui encourage ces grandes entreprises pour la canalisation générale du pays? n'est-ce pas elle qui pourvoit à l'entretien des routes? n'est-ce pas elle qui propose d'ouvrir des communications pour les habitants de la campagne comme pour ceux des villes, de créer enfin ces routes vicinales annoncées depuis si long-temps? n'est-ce pas elle, pour ne plus citer qu'un fait, qui a conçu l'idée de doter Paris du commerce maritime, et d'avoir, dans l'intérieur de la France et au point le plus remarquable de la civilisation moderne, une place de commerce où tous les peuples de la terre seront sans doute empressés de se rendre pour échanger les produits de leur sol contre ceux d'une industrie à laquelle nos arts et un goût exquis assurent une supériorité qui ne peut nous échapper, une perfection que nul autre peuple ne saurait nous disputer?

Mais, encore une fois, un tel projet n'est pas l'œuvre d'un jour.

Désireux, comme vous devez l'être, d'ouvrir au commerce de nouveaux débouchés et de nouvelles sources de richesses, je conçois que vous ne cessiez de demander qu'on traite avec les états constitués de l'Amérique du Sud. Mais que prétendez-vous donc en accusant le gouvernement d'imprévoyance ou de timidité? la reconnaissance de Saint-Domingue n'est-elle pas une réponse à toutes vos déclamations? Consentez un instant à faire taire l'intérêt personnel ou l'esprit malheureux des partis et des catégories, et vous rendrez justice à une administration qui sent comme vous qu'il faut une marine à la France et des débouchés à son commerce, mais qui se tient en garde contre l'imprévoyance et les innovations qui pourraient compromettre l'état actuel de notre prospérité manufacturière.

Le tarif des douanes doit encore nous protéger pendant plusieurs années des attaques du dehors, c'est pour cela que des droits sagement combinés repoussent ceux des objets manufacturés à l'étranger qui pourraient décourager nos fabricants. Mais le commerce maritime peut agrandir notre fortune, dites-vous : pourquoi ne pas le favoriser? Si nos raisonnements vous ont paru mériter quelque considération, nous ne devons que vous rappeler que la France ne pourra jamais être une nation marchande, mais un peuple agricole et manufacturier. Des vaisseaux, elle ne doit en avoir que pour l'écoulement de ses produits, jamais pour faire le commerce de transport. Deux faits s'y opposent : l'Angleterre, que la force des choses a rendue maîtresse de cette industrie ; et la richesse de notre sol, qui réclame toute la population.

Navigation. — D'un tel système à la suppression de notre marine il y a fort loin : aussi M. le rapporteur sur la loi des douanes disait-il, au mois d'avril 1825 :

« La France doit avoir une marine puissante ; » sa gloire et sa sûreté l'exigent ; les besoins du » commerce le commandent. »

Or c'est pour arriver là que le gouvernement encourage, autant qu'il peut, les expéditions maritimes de tous genres, soit en accordant des primes pour les produits de nos pêches, et des faveurs pour les hommes qui prennent la mer (1), soit en diminuant les droits de douane sur les marchandises de l'Inde (2), soit en apportant, à chaque session législative, quelque amélioration au régime colonial.

Mais rien ne prouve, disent toujours nos adversaires, que le but soit atteint : nos vaisseaux ne sont pas encore répandus sur toutes les mers, et, loin qu'ils soient suffisamment protégés, nous voyons nos ports fréquentés

(1) Les ordonnances des 8 février 1816 et 21 octobre 1818 accordent, outre la prime sur les produits de la pêche à Terre-Neuve et en Islande, une seconde prime de 50 fr. pour la grande pêche et de 15 fr. pour la petite, par chaque homme des équipages employés à cette navigation. Une autre ordonnance du 17 septembre 1823, dont l'esprit n'est pas moins bienveillant, accorde aux marins classés qui font la pêche du poisson frais sur nos côtes l'avantage de compter le temps employé à cette pêche pour moitié de sa durée effective dans le relevé de leurs services, pour obtention de la retraite que l'état alloue à ses marins. On sait aussi que le service du cabotage compte aux hommes qui pratiquent nos côtes comme celui sur les vaisseaux de l'état pour la jouissance de la demi-solde.

(2) Le droit sur l'indigo, par exemple, a été réduit, par la dernière loi, de 1 fr. 05 c. et 1 fr. 40 c. à 75 c. et 1 fr.

par les navires de l'étranger, et ceux-ci faire les transports dont il serait avantageux que notre marine restât chargée.

Je n'ai garde de contester l'évidence de cet avantage : mais, ce que nous pouvons dire nous-mêmes, l'étranger ne se le dirait-il pas pour lui ; et, pour traiter, n'a-t-il pas fallu se faire des concessions mutuelles.

Si donc les navires de l'étranger viennent dans nos ports prendre nos denrées et nos marchandises, n'est-ce pas que, par un retour réciproque de tolérance, nous allons dans les siens nous approvisionner des denrées qui nous manquent? Il y aurait injustice à nous plaindre dans cette circonstance, et nous ne serions fondés à le faire que dans le cas où notre navigation supporterait un dommage réel ; dans le cas enfin où les navires étrangers, sans nous laisser aller prendre chez eux les matières premières dont nous avons besoin, viendraient nous les rendre sur nos marchés et saisir en outre l'occasion de transporter chez eux les marchandises que nous sommes à lieu de leur fournir. Mais, loin que les choses en soient là, nous avons sur plusieurs points l'avantage d'aller faire nous-mêmes nos approvisionnements et de porter ceux des articles de notre industrie qui peuvent s'écouler chez nos alliés. Un résultat de 34,000,000 francs d'exportations dans l'Amérique du Sud, pour l'année 1824, sur 16,000,000 fr. d'importations, prouve en faveur de notre commerce maritime.

En établissant ces faits; convenons cependant de quelques autres qui ne nous sont pas également avantageux, et qu'il sera peut-être très difficile de changer, c'est du commerce que nous faisons avec les états de l'Union que je veux parler. On paraît craindre, et ce n'est pas sans fondement, que leur marine marchande prenne le pas sur la nôtre, et qu'elle fasse le double transport des matières qu'elle est dans l'habitude de nous fournir et des articles dont notre pays l'entretient.

Nous avions senti ce danger dès 1816, quand le gouvernement, par une mesure générale, et dans l'intention de favoriser notre marine, établit une surtaxe sur les marchandises apportées dans nos ports par navires étrangers. Le congrès des États-Unis répondit à cette mesure par un arrêté qui frappa les navires français qui entraient dans les ports de l'Union d'un droit de 18 dollars par tonneau, ce qui équivalait à une prohibition.

Une ordonnance de 1820 repoussa la mesure du congrès par une mesure du même genre, et frappa le droit énorme de 90 fr. par tonneau sur les navires américains venant dans nos ports.

Le résultat de ces hostilités fut que les deux nations cessèrent d'avoir des relations directes.

Londres et d'autres places de l'Angleterre furent le dépôt que choisirent les Américains pour leurs marchandises; et, comme nous n'étions pas disposés à nous en passer, nous prîmes l'habitude d'aller les chercher sur les côtes d'Angleterre; de sorte que nos navires, au lieu d'aller en Amérique, ne firent que traverser la Manche.

Nul doute que ces circonstances ne fussent très défavorables à notre commerce : aussi une voix unanime s'éleva-t-elle pour qu'on rétablît les anciennes relations.

Le traité conclu entre la France et les États-Unis, le 24 juin 1822, a réglé cet objet : et il a été convenu que les produits naturels ou manufacturés de l'un et l'autre des deux états seraient admis chez son allié, moyennant une surtaxe assez modérée pour que la navigation des deux puissances ne fût plus entravée. Et une disposition spéciale a dit que, si la convention faite n'était pas rapportée, cette surtaxe diminuerait d'un quart à l'expiration des deux premières années, et successivement d'un nouveau quart à chaque année qui suivrait : de sorte qu'au moment où j'écris, et depuis le 1er octobre 1825, ladite surtaxe est réduite de moitié pour l'un et l'autre pays ; et que les navires des États-Unis, à deux ans d'ici, seront admis dans nos ports avec la même faveur que nos propres navires. Il est vrai d'ailleurs que les nôtres aussi auront l'entrée des ports de l'Union aux mêmes avantages que les nationaux.

Mais une observation se présente : n'est-il

pas évident que celui des deux peuples qui aura sur l'autre quelque avantage de navigation profitera presque seul du traité conclu. Car si les commerçants de l'Amérique peuvent faire leurs armements maritimes de manière à obtenir le fret, par préférence sur nos navires, pour transporter en France les objets que nous tirons de leur pays, et qu'ils continuent en outre à faire les expéditions de notre pays pour le leur, c'est-à-dire leurs propres importations, n'est-il pas évident, dis-je, que plus la surtaxe diminuera et plus l'un des deux peuples prendra d'avantages sur l'autre.

Je ne me permettrai pas de dire que tout est à notre détriment dans cette affaire : c'est aux chambres de commerce à en juger. Mais si elles réclamaient la protection du pouvoir, je crois qu'il est dans notre acte de navigation une mesure qui ne demanderait qu'à être appliquée pour avoir son effet. C'est l'article 111 du décret du 21 septembre 1793.

En voici le texte : on semble l'avoir oublié.

« Aucune denrée, production ou marchan- » dise étrangère, ne pourra être importée en

» France dans les colonies et possessions de » France que *directement* par bâtiments français » ou appartenants aux habitants du pays des cru, » produits ou manufactures, ou des ports ordi- » naires de vente et première exportation, les of- » ciers et trois quarts des équipagès étrangers » étant du pays dont le bâtiment porte le pavil- » lon; le tout sous peine de confiscation des bâti- » ments et cargaisons, et de 3,000 l. d'amende, » solidairement et par corps, contre les proprié- » taires consignataires et agents des bâtiments » et cargaisons, capitaines et lieutenants. »

Admettons actuellement que l'application ait lieu, et jugeons des conséquences qu'aurait cette mesure.

Les marchandises étrangères à notre sol, disons-nous, ne peuvent être importées que directement, soit par bâtiments français, soit par les navires mêmes des pays d'où l'on tire ces marchandises.

Soit toujours le cas supposé, que notre marine ait besoin d'une loi qui augmente progressivement la surtaxe imposée sur les navires étrangers.

J'admets cette loi rendue : pense-t-on que cette surtaxe, limitée à un taux raisonnable quoique élevé, mais soutenue d'un autre côté par l'article III du décret du 21 septembre 1793, amène une rupture définitive? Si cela était, les choses, dans tous les cas, changeraient beaucoup; et, pour ce qui a eu lieu entre les États-Unis et nous, les importations en France par voie indirecte ne pouvant plus s'effectuer, tout commerce eût cessé entre les deux états. Mais, ou je me trompe, ou j'ai lieu de croire que si les États-Unis n'avaient eu l'espoir de nous faire parvenir leurs marchandises par l'entremise de l'Angleterre, ils eussent regardé à plusieurs fois avant de repousser nos navires de leurs ports et de provoquer des mesures dont la conséquence nécessaire eût été de rompre d'anciennes relations et de se priver ainsi des débouchés dont ils s'étaient fait l'habitude.

Cependant, en élevant nos droits sur les navires étrangers, il faudrait s'attendre à voir les pays avec lesquels nous commerçons user des mêmes mesures : ce serait restreindre en quelque sorte notre navigation et la borner aux approvisionnements indispensables et de l'intérieur. Mais ne serait-ce pas aussi nous assurer que les navires étrangers n'enlèveraient pas à nos marins les bénéfices qui leur sont acquis.

Au reste, si ces mesures étaient insuffisantes, pourquoi ne consentirait-on pas à accorder à notre marine une prótection du même genre que celle qui est accordée à l'industrie manufacturière. Des droits spéciaux protègent chacune des branches de celle-ci : pourquoi un mode particulier de navigation ne serait-il pas adopté pour nos relations maritimes avec les différents peuples qui font le commerce.

Par une loi générale, sans doute, on a l'avantage de l'uniformité, et l'on obvie à beaucoup de réclamations (quoique l'exemple récent des États-Unis prouve que l'on soit encore forcé d'en venir à des traités particuliers) ; mais que d'intérêts sont sacrifiés, que d'avantages sont perdus !

Notre marine, ne cesse-t-on de dire, demande des encouragements : eh bien, quels sont ses besoins? voilà ce que nous devons nous demander.

Les relations du dehors sont le motif général de la navigation : mais de même que nous avons des navires, nos alliés en ont aussi; ils concourent donc avec les nôtres pour les approvisionnements ordinaires du commerce, tant par les importations que par les exportations qui se font de part et d'autre. Dans l'objet de conserver à ses navires l'avantage des importations, chaque peuple a frappé d'une surtaxe les navires étrangers. Cette loi est juste; mais son efficacité est plus ou moins incertaine, comme nous venons de le voir. Le peuple qui navigue à moins de frais est celui qui conserve l'avantage.

Sous ce rapport donc la lutte entre notre marine et celle des différents états avec lesquels nous commerçons offre des chances bien différentes. L'Angleterre et les États-Unis, par exemple, paraissent généralement faire leurs armements à moins de frais que nous, soit parcequ'ils ont des équipages moins nombreux, soit que la main d'œuvre et les matières premières, dans leurs chantiers, aient un prix plus modéré, soit encore que leurs marins et leurs officiers marchands naviguent à moins de frais et avec un traitement plus modique. D'autres peuples, au contraire, semblent nous le céder ; et vis-à-vis d'eux nous n'avons pas les mêmes désavantages.

Une loi générale, qui comprend sous le même régime les navires étrangers, de quelque nation qu'ils soient, peut-elle protéger tous nos intérêts? je ne le pense pas.

Nos armements sont beaucoup plus dispendieux que ceux des États-Unis, de l'Angleterre, et particulièrement des puissances du Nord et de la Baltique : pourquoi n'aurions-nous pas un acte de navigation qui rétablit la balance en faveur de notre marine sur celle de ces peuples. Les Suédois, par exemple, viennent nous apporter annuellement les produits de leur sol et de leur pêche, et se charger, en retour, des articles que nous sommes dans l'habitude de leur fournir, tels que sel, vins, eaux-de-vie, etc. Pourquoi un régime spécial, l'affranchissement de quelques droits ou la faveur même de quelques primes, n'engageraient-ils pas nos navigateurs à pratiquer la Baltique et les mers du Nord, où nos navires ne paraissent jamais ?

Avez-vous l'avantage de la navigation sur d'autres peuples, réduisez de plus en plus la surtaxe que vous avez frappée sur leurs navires; appelez-les dans vos ports pour avoir l'entrée des leurs. Multipliez vos relations et les rendez de plus en plus faciles. Mais, je le dis encore, si l'industrie de nos chantiers a trop de défaveur, il faut des lois et des droits qui la protègent. Recommandez l'économie aux armateurs, mais ne l'exigez pas; laissez-les faire leurs réformes lentement. L'intérêt est un conseiller qui multiplie ses avis. Vous avez déjà vu tous nos négociants renoncer à cette administration onéreuse des subrécargues, qui était une création des compagnies de l'Inde; espérez du temps d'autres réformes et de nouvelles améliorations : mais faites naître l'occasion de mettre des navires à la mer, et qu'où la concurrence pourrait être défavorable, le gouvernement sache faire des sacrifices et frapper à propos quelques uns de ces droits qui sont en faveur des nationaux, et qui, s'ils élèvent le prix de certaines denrées, ne causent qu'une hausse momentanée qu'il serait juste d'ailleurs que l'industrie manufacturière et le consommateur supportassent comme on a déjà plusieurs fois supporté le prix élevé de certains produits manufacturés, dans le seul but de naturaliser un genre d'industrie ou un mode de fabrication que nous avions à conquérir sur l'étranger.

La crainte timide d'éloigner de nos ports quelques navires, qui viennent du dehors enlever nos denrées et nos marchandises, n'est donc pas, suivant nous, une considération devant laquelle on doive s'arrêter. Depuis long-temps on sent généralement le besoin d'une réforme dans notre acte de navigation : espérons que le bureau supérieur de l'administration du commerce, où tant d'hommes recommandables ont apporté la réputation qu'ils ont acquise dans la science de l'économie politique, s'occupera, sans tarder, d'une question à laquelle se rattachent le sort de notre marine et l'intérêt général du commerce. Ne cessons, d'ailleurs, de rappeler à l'administration que c'est d'elle que la nation attend sa prospérité ; mais disons aussi qu'une sage lenteur dans les mesures qu'elle adopte peut seule garantir des intérêts qui se lient pour former la richesse nationale ; et que, comme ces mêmes intérêts se balancent souvent pour constituer la fortune des citoyens, ils ne sauraient jamais être troublés sans que le crédit public n'en soit altéré.

DERNIÈRES RÉFLEXIONS.

A une époque où l'imprimerie et les conquêtes brillantes des arts et de la science répandent chez tous les peuples et dans toutes les classes de la société un sentiment exact des choses et de la valeur relative qu'elles acquièrent par les conventions sociales, la prospérité et l'agrandissement des nations semblent tenir à des faits chaque jour mieux observés, et qui fixeront enfin la science de l'économie politique.

Il faut en effet se refuser à l'évidence, ou convenir de ce qui est : la masse entière de l'espèce humaine n'est plus partagée en corporations distinctes comme elle l'était autrefois. La marine et le commerce ont causé cette révolution : ce qu'un peuple possède aujourd'hui, ses voisins ne tardent pas à l'avoir ; en jouissant des mêmes avantages, ils s'élèvent proportionnellement dans l'échelle de la civilisation ; et s'ils ne se disputent pas tous le premier rang, ils font ce qu'ils peuvent néanmoins pour conserver celui qu'ils ont acquis. De là une chose notable : c'est qu'il n'est plus, au sein de la grande famille, de peuple qui puisse se fier aux conquêtes qu'il a faites, soit dans les arts ou les sciences, la législation ou le commerce, pour s'en prévaloir et s'occuper de mettre à profit des avantages et une supériorité qui ne sont qu'instantanés, et qui cessent si de nouveaux faits ne viennent les renouveler.

On peut établir, à ce sujet, une distinction bien frappante entre l'état ancien de la condition humaine et celui de nos sociétés modernes.

Le génie sans doute avait autrefois, comme de nos jours, sa puissance et sa force de création; mais que ses moyens ont changé ! s'il produisait, en Grèce et dans Rome ancienne ces hautes combinaisons de la science civile et de la pensée qui féconde les arts et les sciences, combien les résultats généraux n'étaient-ils pas différents de ce qu'ils sont de nos jours! Le commerce est-il compris, sur les côtes de la Méditerranée, dans l'ancienne Tyr et dans Sidon qui lui succéda ; cette science ne prospère que sur un point, et les seuls navires de la Phénicie parcourent les mers, et restent chargés du petit nombre d'échanges qui se font d'un peuple à l'autre (1). L'antique Égypte voit-elle prospérer tous les arts : son sol est déjà couvert de ruines, quand ses traditions et ses idées sont fécondées dans les domaines agrestes et sauvages de la Grèce. Mais ici le climat et la liberté font-ils sortir Athènes et Sparte d'une terre encore inculte, si ces deux cités s'élèvent au milieu des siècles comme un phare que le temps a posé pour diriger l'espèce humaine ; elles sont pendant long-temps les seuls points où l'homme jouisse de sa dignité ; et, quand une poignée des leurs résistait aux flots de barbares qui débordaient de l'Asie sur l'Europe, la presque totalité de l'espèce croupissait

(1) Carthage, qui eut aussi son tour pour être la maîtresse du commerce, consacra, par des lois d'une rigueur sans exemple, cette espèce de privilége commercial dont un seul peuple se prétendait en droit de jouir. Cette république faisait noyer tous les étrangers qui trafiquaient en Sardaigne et vers les colonnes d'Hercule ; et elle défendit aux Sardes de cultiver même la terre, sous peine de la vie (Strabon, liv. xvii, cité par Montesquieu.)

dans l'ignorance et la barbarie sans que la lumière qui brillait avec tant d'éclat sur les côtes de l'Attique parût pouvoir se répandre, malgré le système de colonisation alors plusieurs fois tenté. Qu'on se demande quelle était la civilisation au temps où une puissance colossale pesait sur le monde entier : et vous verrez, comme dans l'exemple qui précède, Rome dans la splendeur, et tous les autres peuples, soumis et dans l'asservissement, n'avoir d'existence que celle qu'on leur accorde, d'avenir que celui de pourvoir au luxe et aux besoins de leurs maîtres : et si l'art militaire, la discipline et la science civile, placèrent la patrie des Scipions et des Paul-Émile à ce haut degré de splendeur, c'est que ces moyens d'agrandissement, qui sont les leviers ordinaires de la civilisation, n'étaient connus que des vainqueurs, et qu'ils furent à peine soupçonnés de leurs victimes.

Parcourez les dernières périodes de nos temps modernes et vous verrez toute autre chose : si quelques ambitieux veulent dominer par les armes, et qu'ils songent à cette monarchie universelle, qui ne fut jamais qu'un rêve, comptez-les : et, depuis Charles-Quint jusqu'à l'Hercule de la révolution française, vous les verrez tous descendre du point où ils s'étaient placés. C'est qu'un mouvement irrésistible de la circulation des connaissances et des idées acquises chez toutes les classes de la société les entraîne dans le cercle où la civisation moderne les presse pour les contenir, sans qu'il leur reste aucun espoir de surmonter la force qui les tient enchaînés.

D'ailleurs, si le sort des armes ne peut plus rien produire d'égal à l'empire romain, croyez-vous que les sciences civiles ou l'art de gouverner puisse, dans un autre genre, créer au milieu de l'Europe ou du monde civilisé une supériorité qui dévolût à un peuple des avantages que les autres ne lui auraient pas bientôt dérobés : si vous le pensiez, nous vous dirions de vous arrêter sur les plages d'un autre hémisphère; et de compter les états nouveaux qui ont profité des exemples que les anciens nous ont légués, et de l'expérience que quelques peuples modernes ont faite à leurs dépens.

Ni le commerce, ni les arts, ni les institutions, ni les lois, ni les mœurs, ni les habitudes, ne sauraient plus créer dans le monde politique ces supériorités nationales, qui ne s'établirent dans les temps anciens que par l'inégale répartition de la science et du savoir.

De nos jours encore nous avons vu peut-être quelques supériorités de l'espèce s'établir : mais qu'ont-elles duré ? L'Espagne et le Portugal eurent un jour de splendeur : Venise et la république batave couvrirent les mers de leurs vaisseaux : tous les autres peuples ne sont-ils pas venus le leur disputer ? L'Angleterre, la France, les villes Anséatiques, la Russie et toutes les provinces du Nord ont actuellement des vaisseaux et une marine, des arts et une industrie nationale. Qu'on ne s'y trompe pas : s'il s'élève un palais à Saint-Pétersbourg, on voit une école polytechnique se former dans un des petits états de l'Allemagne ; et, quand les états de l'Union prospèrent, toutes les républiques de l'Amérique du sud surgissent inopinément. D'un autre côté, quand Haïty traite avec son ancienne métropole, la Grèce s'est réveilllée de son assoupissement, et le sang des Turcs arrose un sol qui une fois déjà a été fécondé par celui des Asiatiques.

Au milieu de ces faits, tous remarquables et propres à fixer l'attention du gouvernement, les états modernes ne paraissent pouvoir se soutenir, et n'acquerront réellement un rang distingué parmi les autres nations que par l'élévation progressive de chacune des classes de la société. Dès lors le but de l'administration doit être de profiter de tout ce qui fait prospérer les états voisins, de s'assurer d'un autre côté des avantages que promettent le sol et la position topographique. Mais qu'en saisissant sur tous les points les améliorations qui se présentent on ne prétende pas faire de l'une de celles-ci un moyen exclusif de curiosité : car, il faut le dire, ce serait s'abuser étrangement ; et, s'il fallait de nouvelles preuves de ce que nous avançons, nous pourrions ajouter que l'Angleterre, pour se maintenir au rang où elle s'est placée, s'est vue forcée elle-même de modifier son système ; et qu'après avoir été manufacturière, et avoir dû l'espèce de supériorité dont elle jouit à la perfection de sa mécanique et à ses progrès dans l'art de fabriquer, elle ne peut, quand tous les autres peuples pourvoient à leurs besoins, se soutenir qu'en proclamant la liberté du commerce pour obtenir, par des échanges, des profits qu'elle voyait enlever chaque jour à son industrie et à ses manufactures.

Nous n'avons plus ici qu'une réflexion à faire : c'est que des peuples qui se sont montrés sur la scène du monde, le premier rang a pu appartenir quelquefois à ceux qui, par leur commerce et leurs relations du dehors, ont étendu leur pouvoir au-delà de leurs limites naturelles, mais que jamais la prééminence qui s'est fondée sur ces moyens n'a été de longue durée. Les exemples en sont nombreux; et la raison qui s'y oppose est que, dans ce cas, la prospérité publique ne dépendant pas seulement des ressources et de l'industrie nationales, mais encore des dispositions des peuples étrangers et de leurs moyens d'agrandissement, il arrive que la fortune de l'état court bien plus de chances que quand elle ne tient qu'à la volonté des nationaux, à leur activité, à leur désir de s'élever.

Applaudissons-nous donc de la manière heureuse dont nous sommes sortis de la crise qui, au moment de la révolution, devait, suivant toutes les règles ordinaires, ruiner notre commerce, et anéantir notre prospérité naissante : ne redoutons plus des voisins que nous voyons s'élever, mais luttons avec eux en comptant sur les nouvelles relations qu'ils établissent, pour les voir apporter plus d'attention à ne pas troubler la paix du continent; et rendons à notre administration la justice des faits, celle qui lui est due pour avoir fait de la France une nation industrieuse, qui se suffit presque à elle-même, et qui n'aurait que peu à perdre des troubles qui compromettraient la fortune des états voisins.

FIN.

www.ingramcontent.com/pod-product-compliance
Ingram Content Group UK Ltd.
Pitfield, Milton Keynes, MK11 3LW, UK
UKHW021058260726
13994UKWH00002B/569

9 782329 493565